水运工程施工安全风险评估指南解析

程李凯 彭建华 谢 静 孙晓军 等 **编著**

人民交通出版社股份有限公司
北 京

内 容 提 要

本书系统介绍了安全风险评估基本知识，对《公路水运工程施工安全风险评估指南 第1部分：总体要求》(JT/T 1375.1—2022)、《公路水运工程施工安全风险评估指南 第5部分：港口工程》(JT/T 1375.5—2022)、《公路水运工程施工安全风险评估指南 第6部分：航道工程》(JT/T 1375.6—2022)、《公路水运工程施工安全风险评估指南 第7部分：船闸工程》(JT/T 1375.7—2022)等4本标准进行解析，并结合典型评估案例，对施工安全风险评估过程进行阐释，以帮助广大读者准确把握标准定位、深入理解标准内容，以便更好地促进标准落地实施。

本书可供水运工程项目建设单位、施工单位和监理单位的管理人员、工程技术人员，以及评估机构人员使用，也可作为科研院校、咨询设计单位等从业人员的参考资料。

图书在版编目(CIP)数据

水运工程施工安全风险评估指南解析／程李凯等编著. — 北京：人民交通出版社股份有限公司，2023.3
ISBN 978-7-114-18631-8

Ⅰ.①水… Ⅱ.①程… Ⅲ.①航道工程—工程施工—安全评价—指南 Ⅳ.①U415.12-62

中国版本图书馆 CIP 数据核字(2023)第 029205 号

书　　名：	水运工程施工安全风险评估指南解析
著 作 者：	程李凯　彭建华　谢　静　孙晓军　等
责任编辑：	潘艳霞
责任校对：	孙国靖　卢　弦
责任印制：	刘高彤
出版发行：	人民交通出版社股份有限公司
地　　址：	(100011)北京市朝阳区安定门外外馆斜街3号
网　　址：	http://www.ccpcl.com.cn
销售电话：	(010)59757973
总 经 销：	人民交通出版社股份有限公司发行部
经　　销：	各地新华书店
印　　刷：	北京市密东印刷有限公司
开　　本：	720×960　1/16
印　　张：	13
字　　数：	240 千
版　　次：	2023 年 3 月　第 1 版
印　　次：	2023 年 3 月　第 1 次印刷
书　　号：	ISBN 978-7-114-18631-8
定　　价：	80.00 元

(有印刷、装订质量问题的图书，由本公司负责调换)

本书编制组

主　　编：程李凯　彭建华　谢　静　孙晓军
副 主 编：陈阵阵　潘凤明　李　恒　陈世俊

编写人员：肖殿良　林积大　胡怀玉　朱晓珍　李亚军
　　　　　周　京　王　兴　李志强　赵艳琪　孙建伟
　　　　　卓晓玲

统稿人员：程李凯　彭建华　李亚军　朱晓珍　林积大

前 言

近年来,随着水运工程建设向深水、远离岸线区域转移,工程难度和施工环境发生了质的变化,施工建设过程中的工程安全问题、工程复杂程度更显突出。为加强水运工程施工安全风险预控管理,有效防范施工安全事故发生,有必要在施工阶段推行水运工程施工安全风险评估工作,增强风险管理意识,优化施工方案,提高施工安全风险辨识和防控能力。为此,交通运输部发布了《公路水运工程施工安全风险评估指南 第1部分:总体要求》(JT/T 1375.1—2022)、《公路水运工程施工安全风险评估指南 第5部分:港口工程》(JT/T 1375.5—2022)、《公路水运工程施工安全风险评估指南 第6部分:航道工程》(JT/T 1375.6—2022)、《公路水运工程施工安全风险评估指南 第7部分:船闸工程》(JT/T 1375.7—2022)等四本标准(以下简称《指南》),以规范水运工程施工安全风险评估工作。

为配合《指南》的学习、宣传,帮助广大读者准确把握标准定位、理解标准各项要求,促进标准落地实施,福建省交通建设质量安全中心、交通运输部科学研究院、长江航运发展研究中心、苏交科集团股份有限公司、浙江省交通工程管理中心、浙江省交通运输科学研究院等六家单位编写了本书。

本书主要分为6篇,第1篇为安全风险评估基本知识,系统阐述了安全风险评估相关知识、水运工程施工特点与安全风险特征,详细介绍了主要安全风险评估方法和权重系数确定方法。第2篇至第5篇为《指南》内容解析,通过条文解读的方式,对条文中的概念定义、实施要点、适用条件及相关数据的来源进行补充说明,有助于读者加强对《指南》内容的理解,从而更好地开展风险评估。第6篇为项目案例,分别节选了港口工程、航道工程、船闸工程三个项目的施工安全总体风险评估、专项风险评估过程,为水运工程施工安全风险评估工作提供参考。

鉴于编制组能力所限,本书中难免有不足和疏漏之处,欢迎广大读者提出宝贵意见。

本书编制组
2022年9月

目 录

第1篇 安全风险评估基本知识

1 概论 ·· 3
2 主要安全风险评估方法 ·· 12
3 权重系数确定方法 ··· 21

第2篇 《公路水运工程施工安全风险评估指南 第1部分:总体要求》(JT/T 1375.1—2022)解析

1 范围 ··· 27
2 规范性引用文件 ·· 27
3 术语和定义 ··· 27
4 基本要求 ··· 27
5 总体风险评估 ·· 35
6 专项风险评估 ·· 39
7 风险控制措施 ·· 44
8 风险评估报告 ·· 45

第3篇 《公路水运工程施工安全风险评估指南 第5部分:港口工程》(JT/T 1375.5—2022)解析

1 范围 ··· 49
2 规范性引用文件 ·· 49
3 术语和定义 ··· 49
4 基本要求 ··· 49
5 总体风险评估 ·· 49

I

6	专项风险评估	51
7	风险控制措施	53
8	风险评估报告	53
附录 A	总体风险评估指标体系	54
附录 B	港口工程施工作业程序分解	62
附录 C	港口工程施工的典型风险事件类型	62
附录 D	港口工程常见重大作业活动清单	63
附录 E	重大作业活动的风险事件可能性评估指标体系	63
附录 F	安全管理评估指标体系	85

第4篇 《公路水运工程施工安全风险评估指南 第6部分:航道工程》(JT/T 1375.6—2022)解析

1	范围	89
2	规范性引用文件	89
3	术语和定义	89
4	基本要求	90
5	总体风险评估	90
6	专项风险评估	92
7	风险控制措施	96
8	风险评估报告	96
附录 A	航道工程施工安全总体风险评估指标体系	96
附录 B	权重系数计算方法	107
附录 C	航道工程施工作业程序分解	108
附录 D	航道工程施工的典型风险事件类型	108
附录 E	航道工程重大作业活动筛选分析	109
附录 F	重大作业活动的 M-PEC 评价方法评估指标体系	109

第5篇 《公路水运工程施工安全风险评估指南 第7部分:船闸工程》(JT/T 1375.7—2022)解析

1	范围	117

2 规范性引用文件	117
3 术语和定义	117
4 基本要求	117
5 总体风险评估	117
6 专项风险评估	119
7 风险控制措施	120
8 风险评估报告	120
附录 A 船闸工程施工安全总体风险评估指标体系	120
附录 E 重大作业活动的风险事件可能性评估指标体系	123
附录 F 安全管理评估指标体系	136

第 6 篇 项目案例

1 港口工程	139
2 航道工程	157
3 船闸工程	178
4 案例说明	195

参考文献	196

第1篇　安全风险评估基本知识

1 概论

1.1 安全风险评估的政策要求

风险管理是一种先进的、成熟的管理理念,国外起源于20世纪30年代,80年代引入我国后,在金融、核工业、民航、铁路、电力等行业领域得到了较为广泛的应用。近年来,党中央、国务院及各部门高度重视安全生产工作,大力实施安全发展战略,先后出台一系列政策措施,推动建立完善安全风险管理体系,强化对安全风险辨识、分析、评估、管控等各环节的实施。交通运输安全生产涉及领域广、从业人员多、社会参与度高,风险无处不在,既有常规性的风险,也有突发性的风险;既有传统性的风险,也有非传统性风险。为此,交通运输安全生产领域大力推进实施安全风险管理,将管控安全风险作为保障行业安全生产、防范减少事故发生的重要手段。特别是,由于我国公路水运工程建设任务繁重,施工条件复杂,作业安全风险突出,公路水运工程建设一直是强化风险管理的重点领域,也更加突出对公路水运工程实施全过程的风险评估、监测与管控。

2013年11月12日,中国共产党第十八届中央委员会第三次全体会议通过的《中共中央关于全面深化改革若干重大问题的决定》首次提出"深化安全生产管理体制改革,建立隐患排查治理体系和安全预防控制体系,遏制重特大安全事故",把建立双重预防体系作为安全生产领域改革发展的重点任务。

2014年6月,交通运输部印发《关于推进安全生产风险管理工作的意见》(交安监发〔2014〕120号),将"风险管理理论"引入到交通运输安全管理之中,并提出加强公路水运工程建设风险管理,重点对在建高速公路、深基坑、高边坡、长大桥隧等大型构造物工程,重点港口建设工程及三级以上航道、航电枢纽工程施工,以及复杂地质环境施工等,进行风险辨识、评估和控制。在公路水运工程可行性研究和设计、施工全过程实施风险管理。

2015年2月13日,交通运输部安全委员会印发《关于开展安全生产风险管理试点工作的通知》(交安委〔2015〕1号),决定于2015年至2017年,在全国交通运输系统开展安全生产风险管理试点工作,形成可复制、可推广的风险管理机制、制度、方法、标准。在全国选取了包括管理部门、各领域企业和项目建设单位共28家试点单位开展了风险管理试点工作,试点建立安全风险管理机制,编制安全生产风险辨识手册与评估指南,开展安全生产风险源辨识、评估,确定安全生产风险源等级,制定风险源、关键岗位人员防范管控措施。

2016年10月9日,国务院安委会办公室印发《关于实施遏制重特大事故工作指南构建双重预防机制的意见》(安委办〔2016〕11号),提出全面推行安全风险分级管控,进一步强化隐患排查治理,推进事故预防工作科学化、信息化、标准化,实现把风险控制在隐患形成之前、把隐患消灭在事故前面。

2016年12月9日,中共中央、国务院印发《关于推进安全生产领域改革发展的意见》(中发〔2016〕32号),提出企业要定期开展风险评估和危害辨识,针对高危工艺、设备、物品、场所和岗位,建立分级管控制度,制定落实安全操作规程。

2017年3月27日,交通运输部印发《关于推进公路水路行业安全生产领域改革发展的实施意见》(交安监发〔2017〕39号),提出强化公路水运工程等重点领域的安全生产风险管理,实施重大安全风险备案。

2017年4月27日,交通运输部印发《公路水路行业安全生产风险管理暂行办法》(交安监发〔2017〕60号),提出生产经营单位应针对本单位生产经营活动范围及其生产经营环节开展每年不少于1次的安全生产风险全面辨识,形成风险清单,对风险清单中所列风险进行逐项评估,确定风险等级以及主要致险因素和控制范围。风险致险因素发生变化超出控制范围的,生产经营单位应及时组织重新评估并确定等级。

2017年6月12日,交通运输部修改《公路水运工程安全生产监督管理办法》(交通运输部令2017年第25号),提出公路水运工程建设应当实施安全生产风险管理,按规定开展设计、施工安全风险评估。设计单位应当依据风险评估结论,对设计方案进行修改完善。施工单位应当依据风险评估结论,对风险等级较高的分部分项工程编制专项施工方案。施工作业区应当根据施工安全风险辨识结果,确定不同风险等级的管理要求,合理布设。在风险等级较高的区域应当设置警戒区和风险告知牌。建设单位应按规定组织风险评估和安全生产检查,根据项目风险评估等级,在工程沿线受影响区域作出相应风险提示。

2018年11月,交通运输部印发的《公路水路行业安全生产风险辨识评估管控基本规范(试行)》(交办安监〔2018〕135号)是行业开展安全生产风险辨识评估分级的重要技术标准,明确了风险辨识过程和风险辨识要求,规范生产经营单位系统、全面地开展安全生产风险辨识工作,同时也明确了风险评估指标体系和风险等级评估标准,规范生产经营单位科学、准确地开展安全生产风险评估工作。

2019年5月5日,交通运输部安全委员会印发的《关于加强交通运输领域安全生产重大风险防控的通知》(交安委〔2019〕5号)研究提出了交通运输领域安全生产重大风险清单,指导行业开展交通运输安全生产重大风险防范化解工作,将复杂地质条件下长大桥隧工程施工风险、复杂通航环境下重大公路水运工程施工风险、穿越重要交通干线桥隧工程施工风险列入公路水运工程施工安全生产重大风险。

2021年1月6日,交通运输部印发《关于深化防范化解安全生产重大风险工作的意见》(交安监发〔2021〕2号),提出健全防范化解重大风险防控机制,实施全过程安全生产重大风险清单化精准管控,同时更新完善了交通运输安全生产重大风险清单,将复杂地质条件下长大桥隧工程施工坍塌风险、穿越重要交通干线桥隧工程施工坍塌风险、穿越富水区地层的盾构法隧道施工坍塌风险等9项重大风险列入公路水运工程施工安全生产重大风险。

2021年6月10日新修正的《中华人民共和国安全生产法》提出生产经营单位应当构建安全风险分级管控和隐患排查治理双重预防机制,健全风险防范化解机制,建立安全风险分级管控制度,按照安全风险分级采取相应的管控措施。

2022年1月11日,交通运输部印发《关于进一步加强交通运输安全生产体系建设的意见》(交安监发〔2022〕4号),提出加强工程建设施工等重点领域风险评估和管控,推进风险管理信息化、图斑化、精准化。

1.2 施工安全风险评估制度的发展

施工风险评估是工程风险管理的重要环节,是系统识别工程风险和科学管理风险之间重要的纽带,是决策分析的基础。施工安全风险评估是一个动态的过程,是对施工过程中的风险进行识别、分析,对风险发生的可能性及后果进行预测评价。在工程实施前,开展施工安全风险评估,能够增强安全风险意识,改进施工措施,规范预案预警预控管理,有效降低施工风险。在施工阶段建立安全风险评估制度符合国际通行做法,在国内外相关行业广泛应用,取得了较好的效果,已被证明是降低事故发生概率的一种行之有效的技术方法。

日本制定了《隧道施工安全风险评估制度和指南》;英国隧道协会和保险业协会联合制定了《英国隧道工程建设风险管理联合规范》;国际隧道协会(ITA)制定了《隧道工程风险管理指南》和《隧道施工安全手册》;国际隧道工程保险集团(ITIG)制定了《隧道工程风险管理实践规程》;美国《高速公路脆弱性评估指南》对桥梁施工安全风险评估给出了推荐程序;瑞典要求工程开工前必须对潜在风险进行评估并采取防范措施,才能向主管部门申请开工令;挪威要求施工企业必须书面记录隧道施工风险评估结果,以满足法律规定的健康、环保和安全的要求。

2007年原铁道部出台了《铁路隧道风险评估与管理暂行规定》,要求对铁路隧道在可行性研究、初步设计、施工图设计及施工阶段开展风险评估,各阶段结合工作特点和内容,确定风险评估对象和目标,进行评估工作,提出相应的风险处理措施。铁路隧道风险评估以安全风险为首要目标,在保证安全的前提下,进行其他目标风险(环境、质量、投资、工期、第三方)的评估,相关费用纳入工程概预算。施工阶段风险评估是在设计阶段风险评估结果基础上,依据施工地质、资源配置及实施方案进行再评估,提出相应的施工措施,着重于施工管理、措施评价和落实。2014年中国铁路总公司发布企业标准《铁路建设工程风险管理技术规范》(Q/CR 9006—2014),要求铁路建设工程应开展风险管理工作,遵循"安全第一、预防为主、动态管理、全过程分阶段实施"的原则,包含风险计划、风险辨识、风险估计、风险评价和风险控制,工程竣工后开展风险后期评估。

2007年原建设部出台了《地铁及地下工程建设风险管理指南》,要求地铁及地下工程在工程规划、可行性研究、设计、招投标及施工等五个阶段进行风险评估和风险管理。施工阶段安全风险评估是根据工程条件、施工方法以及设备,按照工程施工进度和工序,对工程风险进行二次风险评估和整理,对工程的重大风险进行梳理和分析,确定工程风险等级,并对重大风险提出规避措施和事故预案。同时,由建设单位或施工单位委托专业的风险管理咨询单位协助实施施工现场风险查勘。2011年住房和城乡建设部发布《城市轨道交通地下工程建设风险管理规范》(GB 50652—2011),要求城市轨道交通地下工程应从规划、可行性研究、勘察设计、施工直至竣工验收并交付使用,实施全过程的建设风险管理。城市轨道交通地下工程施工实施动态风险管理,施工风险管理实施的主要阶段包括施工准备期、施工期、车辆及机电系统安装与调试、试运行和竣工验收。

交通运输部先后印发了《关于在初步设计阶段实行公路桥梁和隧道工程安全风险评估制度的通知》(交公路发〔2010〕175号)、《关于开展公路桥梁和隧道工程施工安全风险评估试行工作的通知》(交质监发〔2011〕217号)、《关于发布高速公路路堑高边坡工程施工安全风险评估指南(试行)的通知》(交安监发〔2014〕266号)、《关于发布港口工程施工安全风险评估指南(沿海码头、护岸及防波堤分册)的通知》(交安监发〔2017〕140号),在初步设计和施工阶段实行安全风险评估制度。公路桥梁和隧道工程初步设计阶段风险评估由承担初步设计任务的设计单位负责,组织专门人员开展评估工作,设计单位也可委托其他具有公路行业设计甲级资质的单位承担风险评估工作,主要依据建设条件、结构方案、施工方案、施工技术和管理、运营管理等进行评估。施工阶段风险评估分为总体风险评估和专项风险评估,主要根据地质环境条件、建设规模、结构特点、施工组织等进行评估,原则上,总体风险评估由项目建设单位牵头组织,专项风险评估由项目施工单位组织实施,可委托行业内安全评估机构承担相关风险评估工作,并按照"谁组织谁负责"的原则对评估工作质量负责,风险评估工作费用在项目安全生产费用中列支。2022年,交通运输部发布行业标准《公路水运工程施工安全风险评估指南 第1部分:总体要求》(JT/T 1375.1—2022)、《公路水运工程施工安全风险评估指南 第5部分:港口工程》(JT/T 1375.5—2022)、《公路水运工程施工安全风险评估指南 第6部分:航道工程》(JT/T 1375.6—2022)、《公路水运工程施工安全风险评估指南 第7部分:船闸工程》(JT/T 1375.7—2022),指导规范公路水运工程施工安全风险评估工作。

1.3 基本概念和术语

目前,工程建设风险管理在国内外都比较重视,但在术语定义上存在较多差异,《指南》中的术语是从公路水运工程施工安全风险管理的角度对其定义进行了说明。

(1)风险事件

风险事件是指导致工程发生人员伤亡、经济损失、工程耐久性降低以及生态环境、社会、工期影响等不利后果的事件。风险事件可以包括没有发生的情形,有时称为"事故"。

在开展水运工程施工安全风险评估时,应重点考虑引起人员伤亡和经济损失的风险事件(如淹溺、物体打击、触电、坍塌、机械伤害、起重伤害、车船伤害、爆炸、高处坠落、火灾、滑桩和滑坡等);对于海洋生态服务功能价值较高、遭受损害后较难恢复其功能的生态环境敏感区域,如自然保护区,珍稀濒危海洋生物的天然集中分布区、海湾、河口海域、领海基点及其周边海域、海岛及其周围海域,重要的海洋生态系统和特殊环境(红树林、珊瑚礁、海草床等),重要的渔业水域(鱼、虾、蟹、贝类的产卵场、索饵场、洄游通道以及鱼、虾、蟹、贝、藻类及其他水生动植物的养殖水域),重要的鸟类迁徙通道、繁殖、栖息地,海洋自然历史遗迹和自然景观等,还要重点考虑开展水运工程施工可能引起生态环境破坏的风险事件。

(2)风险

风险是公路水运工程建设中潜在风险事件的可能性及其不利后果的组合。

迄今为止,各行业领域的学者对风险的定义还尚未形成统一的认识。通过对不同历史阶段风险定义进行归纳总结,普遍将风险解释为,风险是风险事件发生的可能性与风险事件严重程度的综合度量。

(3)致险因素

致险因素是指可能导致风险事件发生的直接因素。致险因素一般包括作业人员、施工设备、危险物品、地质水文条件、作业环境、技术方案、施工管理等方面的因素,如作业人员安全意识、安全与应急技能、安全行为或状态,施工设备的安全可靠性,以及安全生产的管理机构、工作机制及安全生产管理制度合规和完备性等。

地质水文条件是水运工程施工应重点关注的致险因素。通常情况下,对于内河工程,重点关注暴雨、洪枯水位、雾、淤积、冲刷、漂浮物、软弱地基、地震等因素;对于沿海工程,重点关注风暴潮、台风、雾、冲刷淤积、软弱地基、地震等因素,同时对于北方工程,还要考虑低温结冰的影响。此外,作业环境也是水运工程施工应重点关注的致险因素,包括周边既有管线、既有建筑物、配套设施、政策与社会环境对工程建设及运营的相互影响。

(4)一般作业活动

一般作业活动是指施工工艺较简单或受外部因素影响较小,其致险因素间关联性较低,通常仅导致单一风险事件发生,运用一般知识与经验即可防范的作业活动。

作业活动按照复杂程度分为一般作业活动和重大作业活动。未列入重大作业活动范围的作业活动,可视为一般作业活动。

(5)重大作业活动

重大作业活动是指施工工艺较复杂或受外部因素影响较大,其致险因素间关联性较高,可能导致多种风险事件的发生,或可能引发的风险事件后果严重程度较大,需要从作业人员、施工设备、危险物品、地质水文条件、作业环境、技术方案及管理措施等多方面进行控制和防范的作业活动。

《国务院安委会办公室关于实施遏制重特大事故工作指南构建双重预防机制的意见》(安委办〔2016〕11号)提出,安全风险评估过程要突出遏制重特大事故,高度关注暴露人群,聚焦重大危险源、劳动密集型场所、高危作业工序和受影响的人群规模。因此,重大作业活动是安全风险管控的关键、安全风险评估的重点。

以沿海港口工程为例,其常见的重大作业活动主要包括:沉箱预制,沉箱出运下水,沉箱运输及安装,水上沉桩施工,水上灌注桩施工,潜水作业,水下爆破,水上/临水现场浇筑,接岸(驳岸)工程施工,软基处理,水上吊运及安装,大型平台、便桥架设与拆除,大型支架模板架设与拆除,岸坡开挖,预制构件及设备船舶运输,基床爆夯,基床整平(导轨刮道法),地下连续墙成槽施工,地下连续墙钢筋笼起重吊装,基坑开挖,拉杆安装,码头前沿挖泥,高边坡加固等。

(6)施工安全风险评估

施工安全风险评估是针对施工过程潜在的风险进行辨识、分析、估测,并提出控制措施建议的系列工作。施工安全风险评估分为总体风险评估和专项风险评估两个阶段。总体风险评估和专项风险评估等级均分为四级：低风险（Ⅰ级）、一般风险（Ⅱ级）、较大风险（Ⅲ级）、重大风险（Ⅳ级）。

（7）总体风险评估

总体风险评估是以工程项目（如港口工程项目）或具有独立使用功能的主体结构（如码头泊位工程）、作业单元为评估对象，根据工程特点、施工环境、地质条件、气象水文、资料完整性等，评估其施工的整体风险，确定风险等级并提出控制措施建议。其中，作业单元是指具有特定功能、目的的作业场所或区域（如工程施工现场的生活区、办公区、钢筋加工场、拌合场及预制场）。

（8）专项风险评估

专项风险评估是以作业活动或施工区段为评估对象，根据其施工技术复杂程度、施工工艺成熟度、施工组织便利性、施工环境条件匹配性以及类似工程事故案例等，进行风险辨识与风险分析、风险估测，确定风险等级，提出相应的风险控制措施建议。其中，施工区段是指工程施工中地质条件相近、可能发生同类事故的纵向段落。

桥梁工程、边坡工程、港口工程、航道工程和船闸工程施工安全专项风险评估往往以作业活动为评估对象，隧道工程施工安全专项风险评估往往以施工区段为评估对象。

（9）风险控制预期效果评价

风险控制预期效果评价是针对专项风险等级为较大风险及以上的作业活动或施工区段，检查、确认其风险控制措施的落实情况，并对采取风险控制措施后预期风险进行评价。

根据风险接受准则，较大风险和重大风险分别属于不期望风险和不可接受风险，应采取措施降低风险，将风险至少降低到可接受的程度（低风险或一般风险），因此，针对专项风险等级为较大风险及以上的作业活动或施工区段，有必要开展风险控制预期效果评价，对采取风险控制措施后预期风险进行评价，以确保风险处于可接受状态。

（10）专家调查法

专家调查法是专家依据自身的工程知识和经验，在现场调查的基础上，对工程施工安全风险作出评估的一种方法。

（11）指标体系法

指标体系法是根据影响工程施工安全风险的主要致险因素，建立体现风险特征的评估指标体系，对各评估指标进行数值区间量化分级，并综合考虑各评估指标的权重系数,对工程施工安全风险作出评估的一种方法。

(12)安全生产风险管理

安全生产风险管理是在对风险辨识、评估的基础上,优化组合各种风险管理技术,对风险实施有效控制,妥善处理风险所致结果,以最小成本达到最大安全保障的系列活动。

1.4 安全风险评估目的、意义和原则

水运工程是一项高风险的建设工程,项目建设规模一般较大,工程条件复杂,设计荷载种类多,建造环境恶劣,易受到自然灾害及各类工程事故的影响。对水运工程开展施工风险评估,其目的在于贯彻落实"安全第一、预防为主、综合治理"的方针,加强水运工程施工的安全风险管理,辨识评估水运工程施工潜在风险,优化工程建设方案,完善风险控制措施,完善工程施工生产安全事故预案预控预警体系,强化施工安全监控手段,提高工程建设的安全性,有效控制施工安全风险,预防减少生产安全事故发生,降低人员伤亡和经济损失,保障水运工程建设的安全。因此,开展水运工程施工安全风险评估的意义重大。

开展水运工程施工安全风险评估应遵循以下原则:

(1)合规性。风险评估工作是工程建设的重要组成部分,需符合工程建设有关技术标准的规定,以及风险评估、管理方面相关标准的规定,防范评估行为自身潜在的风险。水运工程施工安全风险评估工作应严格执行国家、地方和行业现行有关安全生产方面的法律、法规和标准,依据现行《公路水运工程施工安全风险评估指南》(JT/T 1375)确立的评估程序及要求开展。开展施工安全风险评估工作应成立评估小组,评估小组成员应严格按照评估流程和要求开展评估工作,评估指标取值、权重判定、风险等级确定等均应通过评估小组集体讨论确定,必要时与工程项目施工参建单位进行沟通和研讨,防范和避免出现评估工作简单走形式、与工程实际明显不符等情况。

(2)科学性。水运工程施工安全风险评估应根据工程的特点和实际选择可靠、先进适用的评价技术,保证评估的科学性与公正性。在对风险事件后果严重程度进行估测时,应突出以人民为中心,把人的生命安全放在首位。应开展详细深入的现场调查,针对施工过程潜在风险的辨识与分析应系统、全面,对风险等级的估测应合理、准确,提出的风险控制措施建议应具有较强的针对性和可操作性,能切实有效指导工程施工安全风险管控。

(3)时效性。水运工程施工安全风险评估应为工程实际的风险防控提供指

导,因此,需要在施工结束前完成,避免出现工程项目已完工再开展风险评估的现象。总体风险评估宜在项目施工招标前完成,分部分项工程开工前应完成施工前专项风险评估。

1.5 水运工程施工特点与安全风险特征

水运工程建设具有投资大、工期长、类型多样、建设条件复杂等特点,往往会受风、浪、流、泥沙、地震、超软土地基、重型装卸设备和船舶动荷载等不确定性因素的影响,而且施工环境恶劣,大多属于野外作业和水上作业,受地形、地质、气候影响大,安全隐患多,事故时有发生。水上作业时,往往需要多工种交叉作业,船舶和大型起重机械较多,工作面狭窄,同时受台风、洪水、风暴潮、滑坡等自然灾害的影响更为突出。和公路工程相比,水运工程的安全风险因素更多,安全风险防控要求更高。特别是,随着水运工程建设逐步向深水化、大型化、远海化发展,建设地点向深水、外海转移,工程建设条件越来越复杂,施工组织实施难度较大,新结构、新工法不断涌现导致影响工程安全的不确定性也越来越大。在国内外水运工程建设史上,曾发生了多起损失惨重的工程事故,有的是因为对自然条件认识不足,有的则是因为施工工序不合理或施工方法不规范。

水运工程建设施工安全生产通常具有以下特点:

(1)露天作业环境的恶劣性

水运工程施工作业大多是在露天空旷的场地完成的,有些甚至是在潮汐、海浪汹涌等处作业,环境相当艰苦,防护条件差,容易发生伤亡事故。

(2)施工队伍流动性大、素质参差不齐,造成实施安全管理的困难性

近年来,由于工程建设发展迅速,缺乏大量有技术基础并能熟练操作的工人,大批文化水平较低、安全意识和自我保护能力较弱的农民工进入建筑工地,导致施工队伍整体素质参差不齐,而且由于施工队伍流动性大,多数务工人员不太了解安全操作规程。

(3)手工操作多、体力消耗大、强度高,造成劳动保护的艰巨性

在恶劣的作业环境下,施工人员手工操作多,体能耗费大,劳动时间和劳动强度都比其他行业要大,其职业危害严重,带来个人劳动保护的艰巨性。

(4)对机械设备的安全性能依赖大

水运工程施工使用的大型机械设备比较多,施工机械的不安全因素极易引起事故,因此,水运工程施工的风险辨识中需要较多地考虑机械设备的影响。

(5)施工工艺多变性导致施工安全管理的复杂性

由于水运工程施工生产工艺复杂多变,各道施工工序均有其不同的特性,其不安全因素各不相同,这就为风险的辨识和评估增加了难度。同时,随着工程建设的进展,施工现场的不安全因素也在随时变化,要求施工单位必须针对工程进度和施工现场实际情况不断地、及时地采取安全技术措施,以确保施工安全。

(6)施工场地狭小,带来多工种作业的立体交叉性

近年来,施工场地与施工条件的矛盾日益突出,施工船舶和大型起重机械较多,工作面狭窄,多工种立体交叉作业增加,导致机械伤害、物体打击事故增多。

施工安全生产的上述特点,决定了施工生产的事故隐患多存在高处作业、交叉作业、垂直运输、个人劳动保护以及使用电气机具等环节,伤亡事故也多表现为高处坠落、物体打击、机械伤害、起重伤害、触电、坍塌等形态。水运工程安全生产的特点,决定了一旦发生安全事故,事故一般具有以下特征:

(1)严重性

水运工程发生安全事故,其影响往往较大,会直接导致人员伤亡或财产损失,重大事故甚至会导致群死群伤或巨大财产损失。

(2)复杂性

工程事故产生的特点,决定了影响水运工程安全生产的因素很多,造成工程安全事故的原因错综复杂,即使同一类安全事故,其发生原因也可能多种多样。

(3)可变性

许多水运工程施工作业中出现的安全事故并非是静止的,而是随着时间的推移和各种外因条件的变化而发展、恶化,若不及时处理,往往可能发展成为严重或重大安全事故。

(4)多发性

水运工程中的有些安全事故,例如物体打击事故、触电事故、高处坠落事故、坍塌事故、起重机械事故、中毒事故等,往往会在工程某部位、某工序或其作业活动中经常发生。

2　主要安全风险评估方法

2.1　风险传递路径法

风险传递行为是导致复杂系统动力学特性变得异常复杂的重要原因,揭示风

险动态演化规律对于准确评估风险、科学制定风险控制策略具有重要意义。基于事故因果连锁理论模型,得到安全管理失误的风险传递路径,如图1-2-1所示。

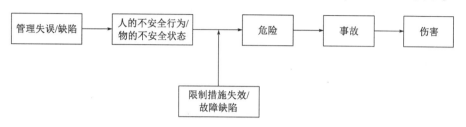

图1-2-1　安全管理失误风险传递路径

针对工程施工的特点,对工程施工安全管理失误风险传递路径细化,可知:风险从原因事件向结果事件传递,其表现形式由最初单一的、确定的管理失误(D)分化到若干不同的危险形态($H_1 H_2 \cdots\cdots H_n$)并导致事故发生,最终发展到多样的、程度不一的伤害($I_{111} I_{112} \cdots\cdots I_{nnn}$)。工程施工安全风险传递路径细化见图1-2-2。

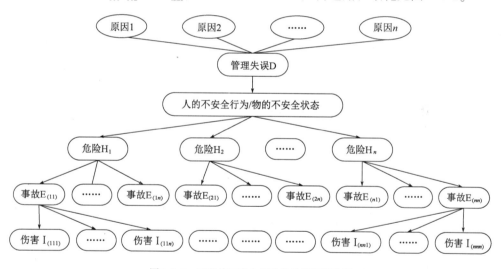

图1-2-2　工程施工安全风险传递路径细化图

2.2　鱼刺图法

鱼刺图法是把系统中产生事故的原因及造成的结果所构成的因果关系,采用简单的文字和线条加以全面表示的方法。由于分析图的形状像鱼刺,故称"鱼刺图"(图1-2-3)。

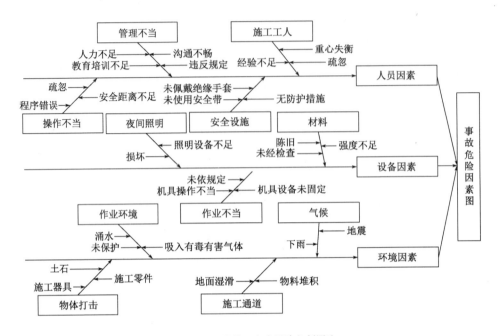

图 1-2-3　工程施工安全风险鱼刺图法

制作鱼刺图分两个步骤：分析问题的原因及结构、绘制鱼刺图。

(1) 分析问题原因及结构：

①针对问题点，选择层别方法(如人、机、料、法、环等)；

②按头脑风暴分别针对各层别找出所有可能原因(因素)；

③将找出的各因素进行归类、整理，明确其从属关系；

④分析选取重要因素；

⑤检查各要素的描述方法，确保语言简明、意思明确。

(2) 鱼刺图绘制过程：

①填写鱼头(要解决的问题)；

②画出主骨(影响结果主要概况因素)；

③画出大骨，填写大要因；

④画出中骨、小骨，填写中小要因。

在绘制鱼刺图时，应召集建设、施工、监理、第三方评估单位(如有)等相关人员共同分析，将所要解决问题遵从面-线-点依次细化。

2.3 故障树分析法

故障树就是将系统的失效事件(称为顶上事件)分解成许多子事件的串、并联组合。在系统中各个基本事件的失效概率已知时,沿故障树图的逻辑关系逆向求解系统的失效概率。故障树是一种特殊的树状逻辑因果关系图,它用规定的逻辑门和事件符号描述系统中各种事物之间的关系。故障树的编制要求分析人员十分熟悉工程系统情况,包括工作程序、各种参数、作业条件、环境影响因素及过去常发事故情况等。

故障树解决问题的步骤大致如图 1-2-4 所示。

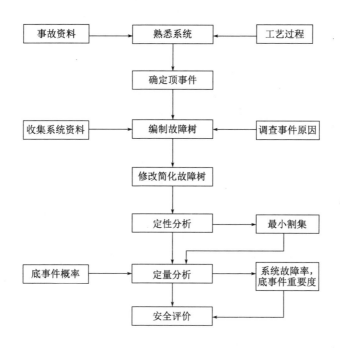

图 1-2-4 故障树分析流程图

以港口工程为例,故障树的绘制见图 1-2-5,要分析的对象即为顶上事件(港口工程事故),按逻辑关系可向下罗列顶上事件发生的一级条件及原因($A_1 A_2 \cdots\cdots A_n$),再向下罗列二级事件及原因,依次类推直至事故的基本事件($A_{11} A_{12} \cdots\cdots A_{nn}$)。现阶段主要以定性评估为主。

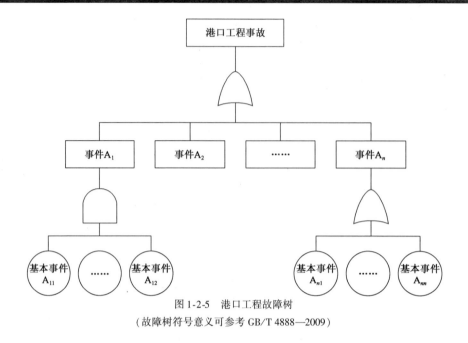

图 1-2-5　港口工程故障树

（故障树符号意义可参考 GB/T 4888—2009）

2.4　安全检查表法

检查表法是指为了查找工程、系统中各种设施、物料、工件、操作、管理和组织措施中的风险因素，事先把检查对象加以分解，将大系统分割成若干子系统，以提问或打分的形式，将检查项目列表逐项检查的方法。

(1)编制检查表所需的资料

①有关标准、规程、规范及规定；

②国内外事故案例；

③系统安全分析事例；

④研究的成果等有关资料。

(2)检查表的编制

检查表法是一种经验为主的方法。风险评估人员从现有的检查表中选取一种适宜的检查表，如果没有具体的、现成的安全检查表可用，评估人员必须借助已有的经验，编制出合适的检查表。

(3)检查表的类型

①提问型检查表

提问型检查表(表 1-2-1)应列举需查明的所有导致风险事件的不安全因素，

采用提问方式,并以"是""部分符合"或"否"来回答。"是"表示符合要求,"部分符合"表示有一部分符合条件,另一部分不符合条件,"否"表示还存在问题,有待于进一步改进。回答"是"的符号为"√","部分符合"的符号为"≈","否"的符号为"×"。在每个提问后可设有改进措施栏,每个检查表均需要注明检查时间、检查者、直接责任人,以便分清责任。为使提出的问题有所依据,可收集有关问题的规章制度、规范标准,在有关条款后面注明名称和所在章节。

提 问 型 检 查 表　　　　　　　　　　　表 1-2-1

序　号	检查项目和内容	检查结果			标准依据	备　注
		是	部分符合	否		

②打分型检查表

打分型检查表(表 1-2-2)采用判分系统,判分系统可采用三级判分系统:0-1-2-3、0-1-3-5、0-1-5-7,其中评判"0"为不能接受的条款,低于标准较多的判"1",稍低于标准条件的判刚低于最大值的分数,符合标准条件的判给最大的分数。判定的分数是一种以检查人员的知识和经验为基础的判断意见,检查表中分成不同的检查单元进行检查。为得到更为有效的检查结果,用所得总分数除以各种类别的最大总分数的比值,表示所检查有效的平均百分数,以便衡量各单元的安全程度。

打 分 型 检 查 表　　　　　　　　　　　表 1-2-2

检查项目和内容	检查结果		备　注
	可判分数	判给分数	
检查条款	0-1-2-3(低度危险)		
	0-1-3-5(中度危险)		
	0-1-5-7(高度危险)		
	总的满分	总的判分	
平均百分数 = 总分数/各种类别的最大总分数 = 总的判分/总的满分			

注:选取 0-1-2-3 时,条款属于低危险程度,对条款的要求为"允许稍有选择,在条件许可的条件下首先应该这样做";选取 0-1-3-5 时,条款属于中等危险程度,对条款的要求为"严格,在正常的情况下均应这样做";选取 0-1-5-7 时,条款属于高危险程度,对条款的要求为"很严格,非这样做不可"。

2.5　作业条件危险性评价法(LEC 法)

作业条件危险性评价法的评价步骤如下:

(1)组成专家组。

(2)对于一个具有潜在危险性的作业条件,确定事故类型,找出影响危险性的主要因素:L——事故发生的可能性;E——人员暴露于危险环境的频繁程度;C——发生事故可能造成的后果。

(3)由专家组成员按规定标准对L、E、C分别评估,取分值集的平均值作为L、E、C的计算分值。用计算的危险性分值(D)来评价作业条件的危险性等级。其计算公式为:

$$D = L \times E \times C$$

式中:L——事故发生的可能性大小,取值见表1-2-3;

E——人员暴露于危险环境的频繁程度,取值见表1-2-4;

C——发生事故可能造成的后果,取值见表1-2-5;

D——危险性分值,确定危险等级的划分标准见表1-2-6。

事故发生的可能性分值 L 表1-2-3

分数值	10	6	3	1	0.5	0.2	0.1
事故发生的可能性	完全会被预料到	相当可能	可能,但不经常	完全意外,可能小	可以设想,不太可能	极不可能	实际上不可能

暴露于危险环境的频繁程度分值 E 表1-2-4

分数值	10	6	3	2	1	0.5
暴露于危险环境的频繁程度	连续暴露	每天工作时间内暴露	每周一次或偶然暴露	每月暴露一次	每年暴露几次	罕见暴露

事故造成的后果分值 C 表1-2-5

分数值	100	40	15	7	3	1
事故造成的后果	10人以上死亡	3人以上9人以下死亡	1人死亡	严重伤残	有伤残	轻伤,需救护

危险性等级划分标准 表1-2-6

危险性分值 D	≥320	≥160~320	≥70~160	≥20~70	<20
危险程度	极度危险,不能继续作业	高度危险,需要整改	显著危险,需要整改	比较危险,需要注意	稍有危险,可以接受
危险等级	5	4	3	2	1

一般情况下,事故发生的可能性越大,风险越大;暴露于危险环境的频繁程度越大,风险越大;事故产生的后果越大,风险越大。运用作业条件危险评价分析法进行分析时,危险等级为1~2级的,可确定为属于可接受的风险;危险等级为3~5级的,则确定为属于不可接受的风险。

2.6 专家调查法

专家调查法是指专家依据自身的工程知识和经验，在现场调查的基础上，对工程施工安全风险作出评估的一种方法。

评估小组成员应不少于5位专家，且为单数。每位专家应独立、客观给出评估结果及信心指数。

专家应具备高级及以上技术职称，并具有15年及以上公路水运工程建设管理、施工、监理、勘察设计或风险评估等工作经历，其中，组长应选择专业技术能力强、施工管理经验丰富的专家担任。

2.7 指标体系法

指标体系法是指根据影响工程施工安全风险的主要致险因素，建立体现风险特征的评估指标体系，对各评估指标进行数值区间量化分级，并综合考虑各评估指标的权重系数，对工程施工安全风险作出评估的一种方法。

评估小组应根据影响施工安全风险的主要因素，将其分为工程特点、施工环境、地质条件、气象水文、资料完整性等项别，对各个项别细分提出若干评估指标，并确定指标的分级区间及对应的基本分值范围，从而建立评估指标体系。

评估指标取值应首先由评估小组根据工程实际情况和指标分级情况，确定指标所在的分级区间，在分级区间的分值范围内，采用插值法等方法，集体讨论确定指标的分值。在确定指标所在的分级区间时，应遵循最不利原则，越不利的情况取值越大。

评估应采用权重系数对各评估指标重要性进行区分。权重系数可采用重要性排序法、层次分析法、复杂度分析法等方法确定，必要时可综合运用多种方法进行比对后确定。

2.8 风险矩阵法

参考国内外工程风险评估技术标准，风险评价矩阵方法是确定风险等级的主要方法且得到广泛应用。采用风险矩阵法将风险事件可能性和严重程度进行组合，估测风险等级，专项风险等级分为四级：低风险（Ⅰ级）、一般风险（Ⅱ级）、较大风险(Ⅲ级)、重大风险(Ⅳ级),如表 1-2-7 所示。

专项风险等级划分　　　　　表 1-2-7

可能性等级		严重程度等级				
		小	一般	较大	重大	特大
		1	2	3	4	5
很可能	5	较大风险Ⅲ	较大风险Ⅲ	重大风险Ⅳ	重大风险Ⅳ	重大风险Ⅳ
可能	4	一般风险Ⅱ	较大风险Ⅲ	较大风险Ⅲ	重大风险Ⅳ	重大风险Ⅳ
偶然	3	一般风险Ⅱ	一般风险Ⅱ	较大风险Ⅲ	较大风险Ⅲ	重大风险Ⅳ
可能性很小	2	低风险Ⅰ	一般风险Ⅱ	一般风险Ⅱ	较大风险Ⅲ	较大风险Ⅲ
几乎不可能	1	低风险Ⅰ	低风险Ⅰ	一般风险Ⅱ	一般风险Ⅱ	较大风险Ⅲ

2.9　系统评价法(M-PEC 法)

M-PEC 法是根据影响工程施工安全风险的主要致险因素,综合考虑项目管理、外界环境、施工人员和施工设备等,建立体现风险特征的评估指标体系,采用风险评估技术计算各风险事件发生的可能性和后果,对施工安全风险作出系统性评估和预测的一种方法。

M-PEC 法目前主要用于航道工程重大风险活动的风险估测,从管理(M)、风险事件发生的可能性(P)、环境(E)以及风险事件后果(C)四方面建立评估指标体系,并对每个指标赋以相应分值。采用 M-PEC 评价方法计算出风险值 R 后,对照表 1-2-8 施工安全专项风险分级标准确定作业活动的风险等级。

M-PEC 评价方法施工安全专项风险分级标准　　　　　表 1-2-8

序 号	风险等级	取值区间
1	重大风险(Ⅳ级)	$R \geq 200$
2	较大风险(Ⅲ级)	$100 \leq R < 200$
3	一般风险(Ⅱ级)	$50 \leq R < 100$
4	低风险(Ⅰ级)	$R < 50$

2.10　主控因素判识法

主控因素判识法是根据影响工程施工安全风险的主控因素,建立体现风险特征的主控因素判识表,对各主控因素进行量化分级,评估工程施工安全总体风险的方法。

总体风险评估采用主控因素判识法时,应根据评估对象特点识别影响工程施工安全的主控因素,建立主控因素判识表(表1-2-9),并根据主控因素判识表确定总体风险等级。由不同主控因素确定的总体风险等级不同时,以等级高值为准。评估对象若不满足主控因素条件,应选择专家调查法或指标体系法等其他方法进行风险评估。

主控因素判识表　　　　　　　表1-2-9

评估指标		总体风险等级		说明
主控因素	因素描述	较大风险(Ⅲ级)	重大风险(Ⅳ级)	
因素1		√		
			√	
因素2		√		
			√	
……		√		
			√	
因素N		√		
			√	

3　权重系数确定方法

权重系数反映了评估指标对风险影响的程度,目前还没有一种方法能准确确定其数值。重要性排序法是目前确定权重方法中最简单又相对科学的一种方法,便于基层一线建设、施工单位等使用,对于第三方专业评估机构也可采用层次分析法、复杂度分析法等其他方法确定权重,必要时可采用多种方法确定权重并进行比对。

3.1　重要性排序法

重要性排序法,即根据评估指标与事故发生可能性以及事故后果严重程度(优先考虑人员伤亡)的相关性,进行综合评判后,将各评估指标按重要性从高到低依次进行排序,权重系数计算公式如下所示:

$$\gamma = \frac{2n - 2m + 1}{n^2}$$

式中：γ——权重系数；

n——评估指标项数；

m——重要性排序号，$m \leq n$。

采用重要性排序法，可根据表 1-3-1 选取权重系数进行简化处理。当出现两个或多个指标重要性相同时，则其指标权重可根据表 1-3-1 确立的权重系数进行均等化处理。

重要性排序法权重系数表 表 1-3-1

指标项目数量	权重系数	指标重要性排序															总权重
		第一项	第二项	第三项	第四项	第五项	第六项	第七项	第八项	第九项	第十项	第十一项	第十二项	第十三项	第十四项	第十五项	
		1	2	3	4	5	6	7	8	9	10	11	12	13	14	15	
第一项	γ	1.00	—	—	—	—	—	—	—	—	—	—	—	—	—	—	$\sum\gamma = 1$
第二项	γ	0.75	0.25	—	—	—	—	—	—	—	—	—	—	—	—	—	$\sum\gamma = 1$
第三项	γ	0.56	0.33	0.11	—	—	—	—	—	—	—	—	—	—	—	—	$\sum\gamma = 1$
第四项	γ	0.44	0.31	0.19	0.06	—	—	—	—	—	—	—	—	—	—	—	$\sum\gamma = 1$
第五项	γ	0.36	0.28	0.20	0.11	0.05	—	—	—	—	—	—	—	—	—	—	$\sum\gamma = 1$
第六项	γ	0.31	0.25	0.19	0.14	0.08	0.03	—	—	—	—	—	—	—	—	—	$\sum\gamma = 1$
第七项	γ	0.27	0.22	0.18	0.14	0.10	0.06	0.03	—	—	—	—	—	—	—	—	$\sum\gamma = 1$
第八项	γ	0.23	0.20	0.17	0.14	0.11	0.08	0.05	0.02	—	—	—	—	—	—	—	$\sum\gamma = 1$
第九项	γ	0.21	0.19	0.16	0.14	0.11	0.09	0.06	0.03	0.01	—	—	—	—	—	—	$\sum\gamma = 1$
第十项	γ	0.19	0.17	0.15	0.13	0.11	0.09	0.07	0.05	0.03	0.01	—	—	—	—	—	$\sum\gamma = 1$
第十一项	γ	0.17	0.16	0.14	0.12	0.11	0.09	0.07	0.06	0.04	0.03	0.01	—	—	—	—	$\sum\gamma = 1$
第十二项	γ	0.16	0.15	0.13	0.12	0.10	0.09	0.08	0.06	0.05	0.03	0.02	0.01	—	—	—	$\sum\gamma = 1$
第十三项	γ	0.15	0.14	0.12	0.11	0.10	0.09	0.08	0.06	0.05	0.04	0.03	0.02	0.01	—	—	$\sum\gamma = 1$

3.2 层次分析法

层次分析法大体可分为四个步骤：

(1) 建立问题的递阶层次结构；
(2) 构造两两判断矩阵；
(3) 由判断矩阵计算被比较评估指标的相对权值；
(4) 计算各层次因子的组合权重。

对于 $x_1, x_2, \cdots, x_n$ 等评估指标，得到判断矩阵如表 1-3-2 所示。

判断矩阵表　　　　　　　　　　　表 1-3-2

指标	x_1	x_2	…	x_n
x_1				
x_2				
…				
x_n				

采用美国匹兹堡大学运筹学家 T. L. Saaty 教授提出的 1-9 标度进行评价指标的两两比较，得到判断矩阵，标度的定义如表 1-3-3 所示。

标度的定义　　　　　　　　　　　表 1-3-3

标度	定义
1	表示两个因素相比，具有同等重要性
3	表示两个因素相比，一个因素比另一个因素稍微重要
5	表示两个因素相比，一个因素比另一个因素明显重要
7	表示两个因素相比，一个因素比另一个因素更为重要
9	表示两个因素相比，一个因素比另一个因素极端重要
2,4,6,8	上述两相邻判断之中值，表示重要性判断之间的过渡性
倒数	因素 i 与 j 比较得到判断 b_{ij}，则因素 j 与 i 比较的判断 $b_{ji}=1/b_{ij}$

利用方根法计算出各判断矩阵的最大特征值 $\lambda_{\max}$ 和特征向量 ω 后，最大特征值用于一致性检验，特征向量为所求的各因素的权重。

检验指标记为 CR，当 CR<0.1 时，就认为判断矩阵具有满意的一致性，具体的检验公式为：

$$CR = \frac{CI}{RI}$$

式中：CI——判断矩阵的一般一致性指标，计算方法为：

$$CI = \frac{\lambda_{\max} - n}{n - 1}$$

n——判断矩阵的阶数；

RI——判断矩阵的平均随机一致性指标,取值根据矩阵的阶进行确定,具体如表1-3-4所示。

平均随机一致性指标 RI 取值表　　　　表1-3-4

n	1	2	3	4	5	6	7	8	9	10
RI 值	0	0	0.58	0.89	1.12	1.26	1.36	1.41	1.46	1.49

3.3　复杂度分析法

复杂度分析法的基本思想是:如果某评估指标愈复杂、变化愈大,则它对总体质量的影响就愈大。故可根据各评估指标的复杂程度,引入复杂度的概念,并由复杂度分布归一化后,求得它的权重分布。

复杂度的计算式为:

$$C_j = \frac{2(G_{jm2} - G_{j1} - G_{j2})(G_{j2} - G_{j1})}{G_{jm2} - G_{jm1}}$$

式中:C_j——评估指标的复杂度;值愈大愈复杂,反之愈简单。

G_{jm2}、G_{jm1}——该评估指标地区性的最大、最小值;

G_{j2}、G_{j1}——该评估指标的大小实测数据。

其计算步骤:

第一步:确定评估指标,并计算各评估指标的 G_{jm2}、G_{jm1} 与 G_{j2}、G_{j1} 值;

第二步:由第一步表中数据计算各评估指标的复杂度;

第三步:求权重。

权重的计算表达式为:

$$W = \frac{1}{\sum C_j}[C_1, C_2, \cdots, C_j]$$

第 2 篇 《公路水运工程施工安全风险评估指南 第 1 部分:总体要求》(JT/T 1375.1—2022)解析

1 范围

【解析】《指南》第 1 部分总体要求旨在确立适用于开展公路水运工程施工安全风险评估工作需要遵守的通用规则和基本规定,其内容的编写遵循以下原则:

一是共同遵守性,将桥梁工程、隧道工程、边坡工程、港口工程、航道工程和船闸工程施工安全风险评估需要共同遵守的一些基本规定纳入总体要求;

二是概念统一性,将桥梁工程、隧道工程、边坡工程、港口工程、航道工程和船闸工程施工安全风险评估中涉及的内容相似的概念及名词(术语)进行整合及统一,并简化其数量;

三是兼容创新性,既要将桥梁工程、隧道工程、边坡工程、港口工程、航道工程和船闸工程施工安全风险评估中共性兼容的内容纳入总体要求,又保留各自创新的空间。

四是精简风险评估管理相关内容。本《指南》是技术指南,重点是风险评估的内容和方法,因此将一些不必要的风险评估管理内容进行精简。

本《指南》适用于新建公路水运工程(包括桥梁工程、隧道工程、边坡工程、港口工程、航道工程和船闸工程)的施工安全风险评估。改扩建公路水运工程由于施工安全风险因素的多样性和复杂性,也可参考借鉴本《指南》的方法,结合改扩建的特有风险开展施工安全风险评估。

2 规范性引用文件

3 术语和定义

4 基本要求

4.1 评估阶段划分

【解析】 工程风险评估按工程实施阶段分为设计风险评估和施工风险评估。对于工程建设的必要性、与政策规划的符合性以及施工条件、方法和进度等方面的可行性和适应性等方面的风险评估应当在设计风险评估环节完成。本《指南》主要是针对实施环节中公路水运工程进行施工安全风险评估。

总体风险评估旨在评估工程项目施工的整体风险,为建设单位安全管理力量投入、资源配置、施工单位选择等方面提供决策支持。对于一些建设规模大、自然环境条件复杂、建设条件复杂、施工工艺复杂的公路水运工程项目,应纳入总体风险评估范围。除此之外,可由项目建设单位根据工程项目规模、特点、同类项目建设管理经验及风险初步预判情况等确定是否开展总体风险评估。

专项风险评估是施工安全风险评估的核心,可分为施工前专项风险评估、施工过程专项风险评估和风险控制预期效果评价。分部分项工程开工前,应完成施工前专项风险评估;重大作业活动存在遗漏、施工过程中出现新的作业活动、作业活动发生了重大变化或有关法律、法规、标准提出了新的要求,应开展施工过程专项风险评估;对于较大风险(Ⅲ级)和重大风险(Ⅳ级)的作业活动,应在实施风险控制措施、完成典型施工或首件施工后,开展风险控制预期效果评价。

专项风险评估责任单位是施工单位,但考虑到公路水运工程施工在专业上具有特殊性和复杂性,当在施工单位自行组织评估小组困难时,可委托第三方(具有风险评估经验的专业评估机构)完成。

评估的类型、时间、承担单位见表2-4-1。

公路水运工程施工安全风险评估　　　表 2-4-1

评估类型		时间节点	承担单位
总体风险评估		施工图设计完成后、项目施工招标前(最迟不得晚于项目开工前)	建设单位组织或委托第三方完成
专项风险评估	施工前专项风险评估	分部分项工程开工前	施工单位成立评估小组或委托第三方完成
	施工过程专项风险评估	重大作业活动存在遗漏、施工过程中出现新的作业活动、作业活动发生了重大变化或有关法律、法规、标准提出了新的要求	
	风险控制预期效果评价	较大风险(Ⅲ级)和重大风险(Ⅳ级)的作业活动,实施风险控制措施、完成典型施工或首件施工后	

4.2 评估方法选择

【解析】 风险评估的方法很多,包括定性方法和定量方法,每种方法都有其优缺点和适用条件(表2-4-2),一般根据工程的实际情况和实施阶段具体情况分析选用。

常用的评估方法及其特点　　　表 2-4-2

分类	名称	优　缺　点	适 用 范 围
定性分析方法	检查表法	优点:①简单易行,能够根据预定的目标要求进行检查,突出重点,避免遗漏,便于发现和查明各种危险及隐患;②可作为安全检查人员履行职责的凭证,有利于落实安全生产责任制,并能将安全工作推向群众,达到"群查群治"的目的。 缺点:编制检查表难度较大,且不能定量评估	适用于各类系统的设计、验收、运行、管理、事故调查
	专家评议法	优点:①简单易行;②所得结论较为全面,能够对各种模糊、不确定的问题给出较为准确的回答。 缺点:易受主观因素影响,有可能使结果产生偏差,易偏于保守	适用于依靠专家集体直观判断进行的风险问题分析
	专家调查法(包括头脑风暴法、德尔菲法)	优点:避免因专家多而产生当面交流困难、效率低下等问题。 缺点:①由于专家不能当面交流,缺乏沟通,可能会坚持错误意见;②由于是函询法,可能多次重复,会使某些专家不耐烦而不仔细填写;③易受主观因素影响,有可能使结果产生偏差,容易偏于保守	适用于:①依靠专家集体直观判断进行的风险问题分析;②问题复杂、专家代表不同专业且没有交流的历史;③受时间、经费限制,或因专家之间存有分歧、隔阂不宜当面交换意见

续上表

分类	名称	优 缺 点	适 用 范 围
半定量分析方法	作业条件危险性分析法（LEC）	优点:简单易行,具有较强的实用性,通过计算LEC分值直接判断风险等级,结果清楚、醒目。缺点:影响危险性因素分值主要根据经验确定,具有一定的主观性和局限性	适用于作业现场局部性评价,不适用于整体、系统的评价
	风险矩阵法	优点:简单易行,具有较强的实用性,通过风险事件的可能性和后果严重程度判断风险等级,体现了风险的基本属性。缺点:通常不能独立使用,需要与其他评估方法配合使用	需要与专家调查法、指标体系法等其他评估方法配合使用
	事故树法	优点:对导致灾害目标事故的各种因素及逻辑关系做出全面、简洁和形象的描述,便于查明系统内固有或潜在的各种危险因素;便于进行逻辑运算、系统评价以及进行定性、定量分析。缺点:步骤较多、计算较复杂	①应用较广,适合复杂性较大的系统;②在工程设计阶段对风险事件查询时,可使用此法对其安全性做出评价;③常用于直接经验较少的危险源辨识
	事件树法	优点:事件树法是一种图解形式法,层次清楚、阶段明显,可进行多阶段、多因素复杂事件动态发展过程分析,预测系统中事故发生的趋势。缺点:①应用数据较少,进行定量分析需做大量的工作;②用于大系统时,容易产生遗漏和错误;③事件树的大小随问题变量个数增长而呈指数增长	①用于分析系统故障、设备失效、工艺异常、人的失误等,应用较为广泛;②不适用于详细分析
	影响图法	优点:①能明显地表示一个决策分析问题中变量之间的独立关系;②能清晰地表示变量之间的时序关系、信息关系和概率关系,适合决策者认识问题的思维过程;③便于采用计算机存储与操作处理。缺点:①节点边缘概率和节点间条件概率难以计算;②进行概率估计时,可能会违反概率理论	影响图方法与事件树法适用性类似,由于影响图方法比事件树法有更多的优点,因此也可应用于较大系统的分析
	原因-结果分析法	优缺点:原因-结果分析法实质是事件树法和事故树法的结合使用,因此,同时具有前述两种方法的优缺点	适用范围与事故树法和事件树法类似,适用于在设计、操作时分析事故的可能结果及原因,但不适于大型系统

续上表

分类	名称	优缺点	适用范围
定量分析方法	层次分析法	优点:具有实用、简洁和系统的特点。 缺点:①得出结果是粗略方案的排序;②对于较高定量要求的决策问题,单纯应用层次分析法,无论建立层次结构或者构造判断矩阵,主观判断、选择、偏好对结果的影响极大	①应用领域较广泛,可以分析社会、经济以及科学管理领域中的问题;②适用性较广,但不适用于层次复杂的系统
	模糊数学综合评判法	优点:给出的数学模型,简单、易掌握,是针对多因素、多层次复杂问题评判效果较好的方法,可用于定性、定量分析,适用性较广。 缺点:①隶属函数或隶属度的确定、评价因素对评价对象权重的确定和评价结果均有较大的主观性;②对多因素、多层次的复杂问题评价时,计算比较复杂	适用于任何系统的任何环节,适用性较广
	蒙特卡洛模拟法	优点:①用于包括随机变量在内的任何计算类型;②考虑变量数目不受限制;③用于计算随机变量,可根据具体数据采用任何分布形式;④可有效发挥专家的作用。 缺点:①模拟系统较复杂,模型建立困难;②没有计入风险因素之间的相互影响,使得风险估计结果可能偏小	①比较适合在大中型项目中应用;②可解决复杂概率运算问题,适合于无法进行真实试验的场合;③对于费用高或费时的试验,具有明显优越性;④在进行较精细的系统分析时使用,适用于问题比较复杂、精度要求较高的场合,特别是在对少数可行方案实行精选时比较适用
	指标体系法	优点:①评估指标可以较为全面体现影响安全风险的主要致险因素;②对评估指标进行数值区间量化分级,实现对风险的量化评估。 缺点:评估指标的权重系数对评估结果影响较大,而评估指标权重系数的确定往往受主观因素影响较大	适用于对项目整体风险以及具体作业活动安全风险的评估。
	等风险图法	优点:方便直观、简单有效,对任何一个具体项目,只要得到其风险发生概率和风险后果,即可直接得到其风险系数。 缺点:①需要得到风险发生概率和风险后果两个变量值,而其在实际操作中不易得到,需借助其他分析方法;②根据等风险图只能确定风险系数位于哪一个区间内,如果需得到具体数值,仍需进行计算	①适用于对结果精度要求不高,只需要进行粗略分析的项目;②适用于多个类似项目的同时分析或一个项目多个方案比较分析时使用

续上表

分类	名称	优 缺 点	适 用 范 围
定量分析方法	神经网络方法	优点:具有较强的学习能力、抗故障性和并行性。 缺点:神经网络综合评估模型在已知数据不足或无法准确构造训练样本集的情况下,需要结合其他综合评估方法得到训练样本集,才能实现对网络的训练	①原因和结果关系模糊的场合;②涉及模糊信息的场合;③不一定得到最优解,可快速求得与之相近的次优解场合;④组合数量非常多,难以得到全部求解集合的场合;⑤对非线性较高的系统进行控制的场合
	点估计法	优点:简单易懂,计算较为方便,能够提供总体参数的估计值。 缺点:①用抽样指标直接代替全体指标,不可避免存在一定误差;②若选取参数具有高变异性特点时,计算结果会低估失效概率	①总体分布函数形式已知,但一个或多个参数未知,借助于一个样本来估计总体未知参数的值的问题;②适用于研究问题中某一变量在一定范围内连续变化
	模糊层次综合评估方法	优点:①具有层次分析法和模糊数学综合评判法的优点;②在一定程度上减少评价因素对评价对象权重确定主观性强的缺点。 缺点:除了模糊数学综合评判法权重确定的主观性缺点外,具有层次分析法和模糊数学综合评判法的缺点	适用范围与模糊数学综合评判法一致
	事故树与模糊综合评判组合分析法	优点:①具有事故树法和模糊数学综合评判法的优点;②避免了在确定因素集过程中出现错漏;③对风险影响系数大的因素进行分析,得到的结果更科学、合理。 缺点:除模糊数学综合评判法的权重确定较为主观的缺点外,同时也具有事故树法和模糊数学综合评判法的缺点	适用范围与事故树法相同
	未确知测度法	优点:实用性强、科学合理,是一种定量化的评价方法,评价过程更为客观,应用较为广泛。 缺点:要求评估指标为定量指标,若为定性指标则须进一步定量化	适用于解决有序分割问题、受多因素影响以及不确定性的评价、分类等问题

  为避免因评估方法不同可能导致的评估结果不一致,必要时可选择采用多种方法比对验证风险评估结果。《指南》第1部分总体要求提出了总体风险评估和专项风险评估的推荐方法,根据项目的实际情况选择。专家调查法的关键是基于专家丰富的实践经验。专家要充分了解项目基本情况,独立、公正、客观地开展风

险评估。项目建设单位在选择专家时,要兼顾工程勘察、设计、施工等各方面因素,确保评估小组内各成员之间专业特长的互补性,特别是要充分了解专家组长人选的专业背景、技术能力、行业权威性,在确定评估结论时,当个别专家意见出现分歧时,组长应发挥最终决策和把关作用。在评估小组人员类似工作经验不足的情况下,可选择指标体系法。除了《指南》第 1 部分总体要求推荐的方法,还可以采用其他评估方法,如公路工程施工安全风险评估拟采用的主控因素判识法,水运航道工程施工安全风险评估拟采用的系统评价法(M-PEC)。

4.3 评估实施步骤

【解析】 风险评估开展前的准备工作以及对公路水运工程项目现场的详细调查,对做好施工安全风险评估工作非常重要。在前期准备阶段,可以制定风险评估计划,即针对待评估的项目,制定详细的评估工作实施计划,包括评估工作时间、组织及具体人员安排等。要全面收集工程基础资料,风险评估的早期阶段主要是收集待评估项目资料,并到现场开展调研和查勘。

4.4 风险等级划分

【解析】 风险等级是最终评判工程风险是否可接受及采取何种措施的重要指标,本《指南》提出的风险等级划分标准与目前国内外广泛采用的 4 等级划分方式及对应要求相一致。

需要说明的是,关于风险等级的分级,《国务院安委会办公室关于实施遏制重特大事故工作指南构建双重预防机制的意见》(安委办〔2016〕11 号)中将风险分为四级:低风险、一般风险、较大风险、重大风险;《公路水路行业安全生产风险管理暂行办法》中将风险分为四级:较小风险、一般风险、较大风险、重大风险。两个文件中对风险等级的描述不完全一致,本标准经咨询行业有关专家意见,选择与《国务院安委会办公室关于实施遏制重特大事故工作指南构建双重预防机制的意见》(安委会〔2016〕11 号)的有关表述保持一致,将风险分为四级:低风险、一般风险、较大风险、重大风险。

4.5 评估结论应用

【解析】 《公路水运工程安全生产监督管理办法》(交通运输部令 2017 年第

25号)规定:公路水运工程建设应当实施安全生产风险管理,按规定开展施工安全风险评估;施工单位应当依据风险评估结论,对风险等级较高的分部分项工程编制专项施工方案;施工单位依据风险评估结论,完善施工组织设计和专项施工方案。总体风险评估主要是为建设单位履行公路水运工程安全生产管理责任服务,针对不同总体风险等级的工程项目,在项目组织实施、安全管理力量投入、资源配置和施工单位选择等方面提供决策支持,同时也可作为施工单位编制施工组织设计以及后续开展专项风险评估的依据。施工单位对施工现场的安全生产负主体责任,应根据专项风险评估结论,完善施工组织设计、编制完善专项施工方案。

4.6 评估工作要求

【解析】 考虑到风险评估工作是一项比较复杂的工作,开展施工安全风险评估工作应成立评估小组,评估小组成员应具备一定的专业知识和工程经验,应通过评估小组集体讨论确定评估结果。桥梁工程、隧道工程、边坡工程、港口工程、航道工程和船闸工程施工安全风险评估工作,除应遵守《指南》第1部分的要求,还应遵守《指南》第2部分～第7部分中对各类工程施工安全风险评估的具体要求。

4.7 风险控制要求

【解析】 公路水运工程建设应当实施安全生产风险管理,遵守《公路水运工程安全生产监督管理办法》(交通运输部令2017年第25号)等法规制度的相关规定,对施工安全风险进行动态监控,实施风险警示告知、监控预警等相关制度,将风险评估与风险监控量测相结合,实现对施工过程风险的动态预控。鼓励从业单位运用科技和信息化等手段对存在重大安全风险的施工部位加强监控。施工作业区应当根据施工安全风险辨识结果,确定不同风险等级的管理要求,合理布设。在风险等级较高的区域应当设置警戒区和风险告知牌。根据项目风险评估等级,在工程沿线受影响区域作出相应风险提示。作业人员有权了解其作业场所和工作岗位存在的风险因素、防范措施及事故应急措施。施工单位采用新技术、新工艺、新设备、新材料的,应当对作业人员进行相应的安全生产教育培训,生产作业前还应当开展岗位风险提示。

5 总体风险评估

5.1 一般要求

5.1.2

【解析】 为了施工组织方便,水运工程项目往往被划分为多个具有独立使用功能的水工主体结构,基于减少风险评估频次、提高工作效率的考虑,功能相同、位置相邻、条件相似的两个或多个具有独立使用功能的水工主体结构可作为一个评估对象。

5.1.3

【解析】 总体风险评估应尽可能收集原有的勘察设计资料,除依据现行的相关规范外,现场调查是重要的工作内容,评估小组应对公路水运工程的水文地质条件、周边环境条件的影响进行全面调查。

5.2 专家调查法

5.2.1

【解析】 专家调查法是专家针对工程复杂程度、施工环境、地质条件、气象水文、资料完整性等内容,分别进行风险评估,再综合各专家的评估结果提出评估小组的评估结果。为保证评估的准确、公正,要求每位专家应独立、客观给出评估结果。

专家类似工作经验对评估结果的影响极大。考虑到专家所从事的专业各有所长,为防止对不熟悉的内容评估不合理,本《指南》引入专家信心指数对评估结果进行调整。信心指数就是专家在做出相应判断时的信心程度,也可以理解为该数据的客观可靠程度。这意味着将由专家自己进行数据的可靠性或客观性评价,这就会大大提高数据的可用性,也可以扩大数据采集对象的范围。通过这种方法,可以挖掘出专家调研数据的深层信息。即使数据采集对象并非该领域的专家,只要他对所做出的判断能够有一个正确的评价,那么这个数据就应该被视为有效信息。

专家在给出信心指数时,一方面要考虑对工程复杂程度、施工环境、地质条件、气象水文、资料完整性5个项别的专业知识的熟悉程度,另一方面要考虑对工程项目相应内容资料的掌握程度。采用专家调查法时,工程参建单位可参与风险评估工作,帮助专家了解项目实际情况。当专家给出的评估分值较高,而相应的信心指数较低时,专家应予以书面说明。

5.2.2

【解析】 采用专家调查法开展风险评估,其准确性取决于专家自身的工程知识和经验。因此,需要对专家的专业知识、经验和能力等提出相应的要求。特别是在评估过程中,如果出现不同专家的意见分歧较大时,需要由专家组长组织全体专家一起集体讨论确定,专家组长应由专业技术能力强、施工管理经验更为丰富的专家担任。

5.2.3

【解析】 专家调查法总体风险评估步骤包括:

第一步:成立评估小组。按照《指南》第1部分总体要求,结合项目工程特点,组建评估小组,制定评估计划,明确职责分工,开展施工安全总体风险评估工作。

第二步:收集勘察设计文件和现场调查。评估小组收集齐全各种与项目有关勘察设计等基础资料后对现场进行调查。现场调查从地形地质条件、气象水文条件、环境条件、诱发因素、周边建筑物的影响等因素进行调查。有条件的情况下建议开展补充勘察。需要特别提醒的是,应收集工程复杂程度、施工环境、地质条件、气象水文、资料完整性等项别相关的资料和现场情况。

第三步:明确评估对象。应参照《指南》第1部分的规定,结合公路水运工程的实际情况和本地建设管理经验,确定公路水运工程的评估对象。

第四步:专家分别评估。本《指南》对风险等级统一采用了四级划分,评估小组每个成员对工程复杂程度、施工环境、地质条件、气象水文、资料完整性等项别同样按4个风险等级分别给出评估分值,并同时给出相应的信心指数。

第五步:评估结果汇总。评估小组评估结果,是在各专家评估分值的基础上取平均值,即将各专家评估的分值累加再除以专家总数得出的平均值,按四舍五入的原则确定公路水运工程施工安全总体风险分值,确定总体风险等级,反映了评估小组的集体意见。同时,评估结果提出关于专项风险评估对象和风险控制措施的建议。

第六步:编写总体风险评估报告。按本《指南》格式要求编写总体风险评估报告。

第七步:总体风险评估报告评审。评审通过或修改后通过的,根据评审意见修改完善评估报告,确定最终评估结果;评审不通过的,重新开展总体风险评估工作。

5.3 指标体系法

5.3.1

【解析】 指标体系法选取指标应遵循以下原则:

(1)科学性。指标应能客观和真实地反映施工安全风险的大小。

(2)层次性。对于复杂的评估问题,采用分层处理的方法不仅结构清晰,易于理解和分析,而且逻辑性和科学性强。因此,评估指标构建时应进行层次性分解。

(3)全面性。选取的指标应尽可能涵盖影响施工安全风险的各个方面,重要指标没有遗漏。

(4)代表性。指标应便于定性描述和定量分级。

(5)独立性。各指标之间应相互独立,保证同一指标因素不会重复计算。

本《指南》根据工程特点、施工环境、地质条件、气象水文、资料完整性等因素将总体风险评估指标体系分为若干项别,这些指标是影响工程施工安全风险水平的大项,在此基础上,进一步细化提出评估指标,主要考虑可量化和细分的评估指标,便于操作。

5.3.2

【解析】 指标体系法总体风险评估步骤包括:

第一步:成立评估小组。按照《指南》第 1 部分总体要求,结合项目工程特点,组建评估小组,制定评估计划,明确职责分工,开展施工安全总体风险评估工作。

第二步:收集勘察设计文件和现场调查。评估小组收集齐全各种与项目有关的勘察设计等基础资料后对现场进行调查。现场调查应对地形地质条件、气象水文条件、环境条件、诱发因素、周边建筑物的影响等因素进行调查。有条件的情况下建议开展补充勘察。需要特别提醒的是,应收集评估指标项所需要的资料和现场情况。

第三步:明确评估对象。公路水运工程的评估对象,应参照《指南》第 1 部分总体要求的规定,结合公路水运工程的实际情况和本地建设管理经验,确定评估对象。

第四步:建立指标评估体系。评估小组根据评估对象的具体情况,可参考《指南》第 2 部分~第 7 部分的附录,选取指标建立评估指标体系。

第五步:确定权重系数和计算评估指标分值。根据评估指标和权重确定方法,确定权重系数和计算评估指标分值。

第六步:总体风险计算和风险等级划分。汇总评估指标分值,根据总体风险计算公式计算总体风险分值,根据总体风险等级划分标准进行风险等级划分,并进一步提出专项风险评估对象和风险控制措施建议。

第七步:编写总体风险评估报告。按本《指南》格式要求编写总体风险评估报告。

第八步:总体风险评估报告评审。评审通过或修改后通过的,根据评审意见修改完善评估报告,确定最终评估结果;评审不通过的,重新开展总体风险评估工作。

5.3.3

【解析】 指标分值通常采用百分制,根据指标的具体情况分成 2~4 个等级,分值越高,表示该指标反映的风险越高。指标取值由评估小组根据工程实际和指标具体情况,采用插值法等方法,集体讨论确定。根据工程的具体情况,结合地区经验,指标的数值区间可适当调整。

安全生产风险是生产经营活动的固有属性,是伴随安全生产过程中的不可完全消除的一种不确定性,"安全是相对的,风险是永存的",对于"机具状态""船机适用性"等指标,即便评估结果为"好",依然具有风险,需要根据机具性能状态、使用年限、日常维护情况等因素综合判断,在对应的分值范围内合理取值。

在确定指标所在的分级区间时,应遵循最不利原则,越不利施工安全的情况,则取值越大。

5.3.4

【解析】 风险评估指标并不是越多越好,应突出风险因素特点,选择重要的指标进行评估,通过权重系数对各评估指标重要性进行区分,评估结果才能更准确、可靠。权重系数的确定可根据公路水运工程的类别,选择某一合适的方法(《指南》第 2 部分~第 7 部分中有推荐),必要时可综合运用多种方法进行比对后确定。

评估指标的权重对评估结果影响很大,对指标的重要性排序,应结合工程具体情况,由评估小组组长组织专家集体讨论确定,避免由单个或少数评估小组成员自行确定。评估小组组长在确定权重的过程中具有较大的作用,其可根据集体讨论情况,对指标重要性排序及权重进行适度调整。

6 专项风险评估

6.1 一般要求

6.1.1

【解析】 专项风险评估是对具体作业活动或施工区段的施工安全风险进行的评估,因此按照通行的风险评估程序,开展风险辨识与风险分析、风险估测,确定风险等级,提出相应的风险控制措施建议。

6.1.2

【解析】 桥梁工程、边坡工程、港口工程、航道工程和船闸工程施工安全的专项风险评估往往以作业活动为评估对象,其评估流程依据《指南》第1部分总体要求中的规定;隧道工程施工安全专项风险评估往往以施工区段为评估对象,其评估流程依据《指南》隧道工程评估指南中的规定。

以港口工程为例,施工前专项风险评估步骤包括:

第一步:成立评估小组。按照《指南》总体要求,结合项目工程特点,组建评估小组,制定评估计划,明确职责分工,开展施工安全专项风险评估工作。

第二步:风险辨识与风险分析。

(1)收集资料和现场调查。评估小组收集齐全各种与项目有关的勘察设计文件、施工组织设计等基础资料后对现场进行调查。现场调查应对工程地质条件、气象水文条件、周边环境条件、施工队伍素质和管理制度等因素进行调查。需要特别提醒的是,若采用指标体系法,应收集评估指标项所需要的资料和现场情况信息。

(2)施工作业程序分解和风险事件辨识。评估小组通过现场调查、小组讨论、专家咨询等方式,参照《指南》第5部分附录B和附录C开展施工作业程序分解与风险事件辨识。参照《指南》第5部分附录B港口工程施工作业程序分解表,将施工过程划为不同的作业活动,明确各作业活动的工艺流程或工序、设备投入、作业工况以及同一作业面内通常所需的作业人员等。参照《指南》第5部分附录C,辨识施工可能发生的风险事件类型,每个施工作业活动可能对应多种可能的风险事件,应把可预见的所有风险事件类型进行逐一辨识。

(3)致险因素及风险事件后果类型分析。评估小组通过讨论会的形式,开展致险因素及风险事件后果类型分析,采用风险传递路径法、鱼刺图法、故障树分析法等安全系统工程理论方法进行各作业活动的致险因素和风险事件后果类型分析,从人的不安全行为和物的不安全状态按照"人、机、料、法、环"等方面分析致险因素,从人员伤亡和直接经济损失等方面分析风险事件后果类型,形成风险辨识与风险分析表。

第三步:风险估测。对照《指南》第 5 部分的附录 D 港口工程常见重大作业活动清单,结合本项目风险辨识与风险分析结果,确定一般作业活动和重大作业活动,对于重大作业活动采用指标体系法和矩阵法等进行风险估测,对于一般作业活动评估小组利用 LEC 法等进行风险估测,最终形成一般作业活动风险估测汇总表和重大作业活动风险等级汇总表。

第四步:风险控制措施。对照风险可接受准则,对一般作业活动和重大作业活动分别提出相应具体和有针对性的风险控制措施,以消除或控制各类人的不安全行为和物的不安全状态。

第五步:编写评估报告。评估工作完成后,评估小组按照《指南》总体要求规定的格式和内容要求编写专项风险评估报告。

第六步:评估报告评审。评审通过或修改后通过的,根据评审意见修改完善评估报告,确定最终评估结果;评审不通过的,重新开展专项风险评估工作。

6.1.3

【解析】 施工风险事件主要在施工作业过程中发生,通过人为的风险管控措施,施工作业的风险可以得到有效控制。专项风险评估旨在评估施工作业过程中具体作业活动或施工区段的安全风险,进而有针对性地采取安全措施控制风险,将能有效保障施工作业人员安全,避免直接经济损失。为此,在分部分项工程开工前,应完成施工前专项风险评估。

6.1.4

【解析】 专项风险评估具有动态特性。当重大作业活动存在遗漏、施工过程中出现新的重大作业活动、作业活动发生了重大变化或有关法律、法规、标准提出了新的要求,施工安全风险可能与分部分项工程开工前评估的专项风险不同时,有必要重新开展专项风险评估,即施工过程专项风险评估。

6.1.5

【解析】 对于风险等级为较大风险(Ⅲ级)及以上的作业活动,当存在不期望或不可接受的风险时,必须采取风险控制措施将风险降低到可接受的范围再进行典型施工或首件施工,并对风险控制措施的落实情况及其预期效果进行评估,即风险控制预期效果评价。

6.2 风险辨识与风险分析

6.2.1
【解析】 风险辨识与风险分析是发现、确认、描述和分析风险的过程,包括对风险事件及其原因和潜在后果的识别,可能涉及历史数据、理论分析、专家意见以及利益相关者的需求。专项风险评估覆盖施工全过程,不同阶段进行评估的重点不同,需要收集的资料和现场调查的重点不同。施工过程中的动态风险评估,需要对施工现场地质水文条件和环境条件情况进行补充勘察。

6.2.6
【解析】 物的不安全状态引起的风险事件分析可从如下几个方面考虑。

(1)地质条件,施工前专项风险评估主要分析设计文件中的地质条件引起的风险事件。施工过程专项风险评估主要分析设计文件中所依据的地质资料与现场开挖揭露的实际地质情况的差异,当地质条件变化较大时,原工程措施可能不当、不足,从而产生较大的施工安全风险。

(2)施工方案,主要分析作业活动所采用的施工方法和工艺是否得当、相互间的施工工序与衔接是否合理。

(3)施工环境方面存在的致险因素,主要调查和分析施工场地周边的建筑物、构筑物、埋藏物、管道(油、气、水)、缆线、民防设施、铁路、公路、外电架空线路、地下水体、地表水体等可能造成安全事故的外部环境。

(4)施工设备,主要分析公路水运工程施工所用的可能造成生产安全事故的施工机械设备。

(5)自然灾害,主要分析施工现场可能受到暴雨、洪水、泥石流、雷电、冰雹、大风、雨雪等突发自然灾害造成的风险。

人的不安全行为引起的风险事件分析可从如下几个方面考虑:

(1)施工操作。主要从设备操作失误、易燃易爆品操作不当、多人配合作业不协调、空中物件掉落、材料工具存放不当、安全防护用品使用不当、作业时易引发身体不适等方面分析。

(2)管理缺陷。主要从制度管理和现场管理两方面分析:
①制度管理:从安全管理机构、安全管理人员配备、安全管理责任制、安全培训、安全投入、事故处理、事故应急预案等方面分析。
②现场管理:从现场安全巡查、安全隐患查处和事故应急处理等方面分析。

6.3 风险估测

6.3.1

6.3.1.1

【解析】 桥梁工程、边坡工程、港口工程、航道工程和船闸工程施工安全专项风险评估往往以作业活动为评估对象,其风险估测方法应结合作业活动的复杂程度、潜在风险事件的特点等因素确定;隧道工程施工安全专项风险评估往往以施工区段为评估对象,其风险估测方法在《指南》第3部分隧道工程中进行规定。

6.3.1.2

【解析】 《指南》的桥梁工程、边坡工程、港口工程、航道工程和船闸工程评估指南中将分别确立常见重大作业活动清单。专项风险评估过程中,重大作业活动的确定主要是参考常见重大作业活动清单,列入常见重大作业活动清单的作业活动一般情况下可确定为重大作业活动,未列入常见重大作业活动清单的作业活动,结合具体的风险辨识与风险分析结果进行判定。

6.3.3

6.3.3.1

【解析】 风险事件可能性的定量判定是指通过对风险发生的数据或相关随机变量的试验、观测资料等进行统计分析,在此基础上确定风险事件可能性的量值;风险事件可能性的定性判断是指凭经验或工程对比判断风险发生概率的大与小,无法给出具体量值。定量判定需要有大量数据做支撑,方法科学,但对很多缺乏相关数据的工程而言要求比较高,需采用定性方法进行判断。也可采用定性与定量相结合的方法,比如对于那些具有长期观测数据的风、浪、潮位等引起的风险,可通过对观测数据进行统计分析,确定其出现概率,从而得出风险事件可能性;对于那些不具备数据统计条件的风险,比如地质条件变化、人为因素等引起的风险,可采用定性方法确定风险事件可能性。

6.3.3.3

【解析】 本《指南》从国情出发,坚持以人为本、生命至上导向,原则上以人员伤亡和经济损失为主考虑风险,当环境影响、社会影响等风险更为突出的时候,可按照就高不就低的原则进行相应的风险评估,环境影响、社会影响的风险评估不适用《指南》第1部分总体要求推荐的指标体系法,建议尽量参照专家调查法等其他评估方法实施。

人员伤亡是指在施工活动过程中所发生的人身伤害或死亡。直接经济损失是指因风险事件造成人身伤亡及善后处理支出的费用和毁坏财产的价值,包括人身伤亡后所支出的费用、善后处理费用和财产损失价值。

人员伤亡程度等级的判断标准参考国务院《生产安全事故报告和调查处理条例》和国家标准《企业职工伤亡事故分类》(GB/T 6441—1986),并结合工程实际进行了细化调整。将事故后果严重程度等级分成五级,等级2~5与国家有关标准基本一致,增加了等级1(1≤重伤人数<5)。直接经济损失程度等级的判断标准参考了国务院《生产安全事故报告和调查处理条例》。

6.3.3.5

【解析】 人的不安全行为是变化的,主要与施工单位的管理水平相关,评估其引起风险事件的可能性,主要是评估施工队伍的专业化水平和现场施工的规范化管理水平。目前选择专业施工队伍有较大的局限性,现场施工状况与施工组织设计技术要求的差距较大,人的不安全行为引起风险事件的可能性的评估难度极大。本《指南》推荐从企业资质、分包情况、作业班组及技术管理人员经验、安全管理人员配备、安全生产费用、机具设备船舶配置及管理、施工组织设计、专项施工方案、企业工程业绩及信用情况等方面建立安全管理评估指标体系,在此基础上,给出风险事件可能性分值的调整系数。

在对每个重大作业活动进行风险评估时,应结合实际,参考《指南》其他部分附录的安全管理评估指标体系,分别评估人的不安全行为引发风险事件的可能性,分别计算相应的安全管理调整系数。

6.4 风险控制预期效果评价

6.4.1

【解析】 风险控制预期效果评价包括两个方面,一方面是对风险控制措施落实情况的确认评价,即提出的风险控制措施是否得到全面、完整、准确的落实;另一方面是对采取风险控制措施后预期风险的评价,即评价风险控制措施是否能实现降低风险到可接受程度的目的。

6.4.2

【解析】 对风险控制措施落实情况的确认评价。在典型施工或首件施工之后,采用检查表法,针对各项风险控制措施落实情况进行逐一检查、确认,以确认风险控制措施是否得到完整实施。对风险控制措施实施过程中的问题和不足进行分析,重点分析风险控制措施未能完整实施的原因,提出相应改进方案,从而进一步完善风险控制措施。

6.4.3

【解析】 对采取风险控制措施后预期风险的评价宜采取专家评审方式,对采取措施后预期风险的等级进行集体评定。这项工作对专家的专业、知识、能力等要求较高,因此提出了相关的要求。

6.4.4

【解析】 专家组对典型施工或首件施工情况进行总结与分析,在对风险控制措施落实情况的确认评价基础上,对采取措施后的风险事件可能性以及后果严重程度进行集体评定,分别确定风险事件可能性等级和后果严重程度等级,在此基础上通过风险矩阵法,确定采取措施后预期风险的等级。

7 风险控制措施

7.1 一般要求

7.1.1

【解析】 本《指南》的风险接受准则,是在国际通行风险接受准则的基础上,结合公路水运工程特点提出的。等级Ⅰ(低风险)和等级Ⅱ(一般风险)处于可接受风险范围内,风险控制措施主要是日常安全生产管理工作;等级Ⅲ(较大风险)和等级Ⅳ(重大风险)分别属于不期望和不可接受风险,应采取相应措施降低风险,必要时采取优化工程设计方案或设计阶段的施工指导方案,降低工程施工安全风险,同时要高度重视项目的后续组织实施,采取加大安全管理力量和资金投入、强化安全资源配置、选择有经验及自控能力强的施工单位、增加工程保险投保等措施,进而保障工程项目施工安全。

7.1.2

【解析】 日常管理:施工单位按照国家、行业或地方的有关安全生产的法律法规、标准规范等制定风险控制措施,对工程实行日常管理。

监控预警:施工单位或业主可委托第三方监控单位,针对致险因素建立监控和预警预报体系,明确预警预报标准,通过对施工监控数据的动态管理,及时掌握情况,发现异常或某项数据超过警戒值,应及时采取规避措施。

专项整治:应分析致险因素,并对重大作业活动采取专项整治措施,从完善或变更设计方案、调整施工方法和组织、加强安全措施、改善施工环境、加强现场管理和提高人员素质等方面综合考虑,全方位整改。

应急准备:除采取以上控制措施外,还应提出典型风险事件的应急预案,做好应急处置准备工作。应根据风险事件类型和发展态势,对采用专项整治不能及时控制风险的,制定应急措施,做好应急准备,确保风险事件不造成严重后果。

7.2 风险控制措施建议

【解析】 本《指南》列举的风险控制措施仅是原则性要求,实际风险评估工作中不能照本宣科,应结合具体工程项目实际提出针对性的风险控制措施。工程项目参建单位应结合风险控制措施,落实安全生产主体责任,建设单位要落实好安全生产管理责任,施工单位要保障项目施工安全生产条件,落实好施工现场的安全生产主体责任。

8 风险评估报告

8.1 一般要求

8.1.1
【解析】 风险评估报告应记载风险评估过程的全部工作内容。报告包括风险评估过程中的工作记录,如相关的调研、现场勘查情况、评估小组的成立等情况,以及采用的评估方法、获得的评估结果、风险控制措施建议等,如相关的数据分析、风险计算等。

8.2 风险评估报告编制内容

8.2.4
【解析】 施工过程专项风险评估不需要像施工前专项风险评估一样,编制详细、系统的风险评估报告,可以形成简单的评估报表,格式由评估小组自定。由于通常是施工作业发生了变化,进而开展的施工过程专项风险评估,因此在评估报表中重点说明施工作业变化情况、重新评估的风险等级及计算过程、拟建议的风险控制措施等内容。

8.2.5

【解析】 与施工过程专项风险评估相似,风险控制预期效果评价也只需形成简单的评价报表,格式由评价专家组自定。根据风险控制预期效果评价的内容,评价报表中重点说明典型施工或首件施工安全风险控制情况、采取措施后预期风险的等级、风险控制措施的完善建议等。

8.3 风险评估报告评审

8.3.1

【解析】 风险评估完成后,应组织对风险评估报告的评审,重点审查项目风险辨识是否全面、评估方法是否科学适用、提出的风险控制措施是否经济可行、项目总体风险是否可控。评估小组需根据专家意见对完成的风险评估报告进行修改完善,形成最终报告。

第3篇 《公路水运工程施工安全风险评估指南 第5部分:港口工程》(JT/T 1375.5—2022)解析

1 范围

【解析】 本《指南》第 5 部分港口工程主要规定了港口工程施工安全风险评估的基本要求以及总体风险评估、专项风险评估、风险控制对策、风险评估报告的要求,其中,基本要求、风险控制对策和风险评估报告直接按照《指南》第 1 部分的规定执行。

本《指南》在港口工程方面主要适用于新建的港口工程,其中,码头工程包括高桩码头、重力式码头、板桩码头等,护岸及防波堤工程包括斜坡式防波堤、直立式防波堤、斜坡式护岸、直立式护岸等。

2 规范性引用文件

3 术语和定义

4 基本要求

5 总体风险评估

5.1 一般要求

【解析】 本《指南》所列条件,是在前期广泛调研不同类型港口工程项目并征求工程参建各方意见的基础上,从工程建设规模、建设地点、气象水文条件、周边环境、四新技术采用情况等方面,明确了宜开展总体风险评估的港口工程范围;对达不到上述条件的港口工程,如果港口建设管理部门或机构、建设单位等相关单位认为确有必要开展,也可按照本《指南》的评估体系开展风险评估。

5.2 专家调查法

5.2.2

【解析】 同本解析第二篇第5.2.1条。另外,评估时,专家应参考《指南》第1部分表1所列专家调查要素(要素内容可根据具体项目进行增减),从工程复杂程度、施工环境、地质条件、气象水文、资料完整性等五个项别,对施工安全风险作出评估。

专家信心指数按照专家对评估内容的熟悉程度进行赋值,对项目总体风险进一步修正,熟悉(有把握)则取高值、不熟悉(没把握)取低值。

5.3 指标体系法

5.3.1

【解析】 采用指标体系法时,应根据影响施工安全风险的主要因素,将指标分为工程特点、施工环境、地质条件、气象水文、资料完整性等项别,对各个项别细分提出若干评估指标,并确定指标的分级区间及对应的基本分值范围,从而建立评估指标体系。评估指标取值应首先由评估小组根据工程实际情况和指标分级情况,确定指标所在的分级区间,在分级区间的分值范围内,采用插值法等方法;对于定量指标,采用插值法计算指标的具体取值;对于定性指标,则综合考虑实际情况,在取值区间范围内进行估测取值,集体讨论确定指标的分值。在确定指标所在的分级区间时,应遵循最不利原则,越不利的情况取值越大。应采用权重系数对各评估指标重要性进行区分,权重系数可采用重要性排序法、层次分析法、复杂度分析法等方法确定,必要时可综合运用多种方法进行比对后确定。

5.3.2

【解析】 本《指南》推荐采用重要性排序法确定权重系数。重要性排序法是目前确定权重方法中最简单又相对科学的一种方法,便于基层一线建设、施工单位等使用。各评估指标的重要性应根据评估指标与风险事件发生可能性以及后果严重程度(优先考虑人员伤亡)的相关性进行综合评判,然后从高到低依次进行排序,权重系数按公式(2)计算获得,也可通过第一篇表1-3-1重要性排序法权重系数表查表获得。

5.3.3

【解析】 评估指标的权重对评估结果影响很大,对选取或补充的指标重要性排序,应结合工程具体情况,由评估小组组长组织小组成员集体讨论确定,避免由单个或少数评估小组成员自行确定。

风险评估指标并不是越多越好,应突出致险因素特点,选择重要的指标进行评估,评估结果才能更准确、可靠。当评估指标个数为 13 个时,第 13 个指标的权重系数为 0.01,对评估结果的影响已非常小,故本《指南》推荐评估指标个数的选取宜在 13 个以内。

5.3.4

【解析】 重要性指标的标识,为建设单位在项目组织实施、安全管理力量投入、资源配置和施工单位选择等方面决策时提供考虑的重点和方向,同时也可为施工单位编制施工组织设计和开展专项风险评估提供支持。

5.3.5

【解析】 本《指南》第 5 部分港口工程附录 A 建立了沿海和内河码头工程、沿海码头护岸与防波堤工程、内河码头护岸工程等四个总体风险评估指标体系,供参考使用,各项目可结合工程实际情况,对指标、指标分级区间及分值范围进行适当调整。其他类型的港口工程可参照建立相应的总体风险评估指标体系。

5.3.6

【解析】 1 个或多个重要性指标(评估小组集体讨论确定)取最大值,是指 R_{ij} 接近或达到 100 的情况,说明该项指标(因素)已对评估结果产生非常大的影响,极易导致某类或多类风险事件的发生,须动态跟踪其变化情况,为警示建设单位和施工单位,故将评估的风险等级调高一个等级。

6 专项风险评估

6.1 一般要求

6.1.1

【解析】 对于 5.1 所列的港口工程,一般情况下在施工阶段都存在一定程度的安全风险,应进一步深化风险评估,开展专项风险评估,并贯穿整个施工过程。对于开展了总体风险评估的港口工程项目,专项风险评估应参考总体风险评估结论中的总体风险等级以及建议的专项风险评估对象(作业活动),必要时总体风险评估中一些分值取高的重要性指标也要在专项风险评估中加以关注。

6.2 风险辨识与风险分析

6.2.2

【解析】 港口工程施工作业程序分解是按照单位工程、分部工程、分项工程（作业环节）及施工工序进行逐级分解的。附录 B 给出了常见的高桩码头、重力式码头、板桩码头泊位工程及防波堤与护岸工程的施工作业程序分解，供参考使用，实际操作时应结合项目具体情况，依据施工图设计文件以及施工组织设计确定的施工工艺进行分解。作业程序分解的目的在于将整个施工划分为不同的作业活动，根据工程项目实际情况，作业活动可以是分部工程、分项工程或作业环节，同时依据划分出来的分项工程（或作业环节）、施工工序等从中辨识出可能发生的风险事件。

6.2.3

【解析】 作业活动可能发生多种风险事件，分析时应将作业活动中所有作业环节或作业工序可能发生的风险事件类型进行逐一辨识。附录 C 分别给出了高桩码头、重力式码头、板桩码头工程、防波堤与护岸工程、大临工程（围堰和基坑开挖）施工可能发生的典型风险事件类型，供参考使用。实际评估时可结合工程实际情况进行选择或调整，也可增加水上交通事故（船舶碰撞、搁浅、触礁等）、水上环境污染或其他风险事件。

6.3 风险估测

6.3.1

6.3.1.4

【解析】 附录 D 给出了沿海港口工程和内河港口工程常见的重大作业活动清单，供参考使用，实际评估时可结合工程实际情况进行选择或调整。

6.3.3

6.3.3.2

【解析】 本《指南》选择了 14 项港口工程重大作业活动，建立了风险事件可能性评估指标体系，其他重大作业活动可参考借鉴评估指标体系的构建思路，建立相应的评估指标体系。附录 E 所列举的指标体系是按通常情况构建的，对于具体工程，可根据实际情况对表中数值区间进行适当调整。

6.3.3.3

【解析】 附录 F 安全管理评估指标体系从 11 个方面建立了安全管理评估指标体系,在此基础上,给出风险事件可能性分值的调整系数。在对每个重大作业活动进行风险评估时,应结合作业活动的实际情况,分别评估人的不安全行为引发的风险事件可能性,并计算相应的安全管理调整系数。

6.3.3.4

【解析】 同本篇第 5.3.6 条。

6.3.3.5

【解析】 本《指南》推荐简单、易用的风险矩阵法对风险进行半定性的评估,指按照风险发生的可能性和风险发生后果的严重程度,组成矩阵表来判断风险及其重要性等级。本《指南》对风险事件 5 类可能性等级和 5 类严重程度等级,通过风险矩阵法来确定风险等级,安全风险等级统一按从高到低划分为重大风险、较大风险、一般风险和低风险,与《指南》第 1 部分施工安全专项风险等级的划分是一致的。

6.4 风险控制预期效果评价

【解析】 按照《指南》第 1 部分"6.4 风险控制预期效果评价"执行。

7 风险控制措施

【解析】 按照《指南》第 1 部分"7 风险控制措施"执行。

8 风险评估报告

【解析】 按照《指南》第 1 部分"8 风险评估报告"执行。

附录 A 总体风险评估指标体系

【解析】 码头工程、护岸与防波堤工程总体风险评估是根据前期"复杂条件下港口工程施工安全风险评估制度及试点研究"课题研究成果并征集专家意见，从工程特点、施工环境、地质条件、气象水文、资料完整性五个方面建立评估指标体系。本附录为资料性附录，评估时可结合工程实际情况进行调整。

表 A.1 沿海码头工程总体风险评估指标体系

【解析】 表中各指标来源和取值说明如下。

(1)泊位吨级 X_{11}，参考《海港总体设计规范》(JTS 165—2013)和《码头结构施工规范》(JTS 215—2018)，按水工结构吨级划分，码头吨级越大，相应的施工风险也越大。

(2)基槽与岸坡开挖 X_{12}，参考《码头结构施工规范》(JTS 215—2018)，主要分水下基槽与岸坡开挖、陆上基槽与岸坡开挖。其中水下基槽与岸坡开挖涉及船舶水上作业，风险较大，若两者兼有者，按高级别取值。

(3)基础工程 X_{13}，参考《码头结构施工规范》(JTS 215—2018)，基础工程主要有爆破夯实、灌注桩、嵌岩桩、地连墙施工、预制桩沉桩、水下基槽抛石、锤夯、整平，其中爆破夯实涉及爆破，作业风险最大，灌注桩涉及海上平台搭设等作业，作业风险次之。若使用两种及以上地基基础处理方式的，取高值。

(4)码头结构形式 X_{14}，参考《码头结构设计规范》(JTS 167—2018)和《码头结构施工规范》(JTS 215—2018)，码头结构形式主要有混合形式码头、新形式码头、大圆筒、沉箱码头、板桩码头、高桩码头、方块码头、浮码头，其中混合形式码头、新形式码头风险较大。

(5)码头上部结构工程 X_{15}，参考《码头结构施工规范》(JTS 215—2018)，码头上部结构工程的施工方式主要有水上作业现浇混凝土主体构件、水上作业主体预制构件安装、临水作业主体预制构件安装、临水作业现浇混凝土主体构件，其中水上作业现浇混凝土主体构件风险较大，临水作业现浇混凝土主体构件风险较小。若使用两种及以上施工方式的，取高值。

(6)工程离岸距离 X_{21}，离岸距离取距离大陆岸线的最远垂直距离，离岸距离越远，各种支持保障条件越差，则施工风险越大。

(7)工程水域掩护条件 X_{22},参考《码头结构施工规范》(JTS 215—2018),水域掩护条件越好则风险越小;评估时个别指标叠加的情况下,取高值,如离岸距离与掩护条件的风险叠加。

(8)工程水域水深 X_{23},参考《海港总体设计规范》(JTS 165—2013)和《码头结构施工规范》(JTS 215—2018),水域水深越深,对应的风险也越大,施工作业的条件要求也越高;评估时应综合评估天然水深或开挖后水深,二者取大值。

(9)工程施工场地周边妨碍物 X_{24},参考《水运工程施工安全防护技术规范》(JTS 205—1—2008),码头水上施工会对管线、储罐设施、建(构)筑物、养殖区以及通航等造成影响,同时通航船舶船行波会影响施工船舶作业时的稳定性;评估时应根据周边妨碍物情况、通航密度、通航船舶船行波对施工船舶以及施工对通航船舶的影响等情况进行综合判断。施工场地范围为施工区及外围500m以内。

(10)防台避风锚地 X_{25},防台避风锚地越远,则船舶遇到台风后遭受损失的风险越大。评估时根据锚地掩护程度、地质、水文条件以及施工船舶的性能综合判断。一般情况下:大于50n mile 为远,30~50n mile 为较远,10~30n mile 为较近,小于10n mile 为近。

(11)工程选址 X_{26},老港区各方面的资料较齐全,有经验可以借鉴,故风险较新港区小。

(12)岸坡地质 X_{31},参考《码头结构施工规范》(JTS 215—2018),码头岸坡地质情况的好坏以及了解程度,对码头施工期安全的影响较大,如产生滑移,则会危及码头施工作业人员安全,并对施工及已完成的部分造成破坏。

(13)码头施工区域地质 X_{32},参考《码头结构施工规范》(JTS 215—2018),码头施工区域地质的情况与施工风险密切相关,如重力式码头地基有突变,桩基码头持力层上覆盖层薄或持力层倾斜较大或存在较多孤石,易发生滑坡区域,则施工风险较大;评估时可根据地质勘探、试桩情况和周边资料综合判断。

(14)台风或突风 X_{41},台风或突风以及引发的风和浪会危及施工作业人员安全,并对施工船舶及已施工的部分造成破坏,在台风季节或施工时遇到突风,会给作业带来风险;评估时根据突风的年平均次数划分,施工不在台风或突风季节可以降低取值。

(15)风力条件 X_{42},参考《水运工程施工安全防护技术规范》(JTS 205—1—2008),当风力太大时,码头施工的许多水上作业都会受到影响,如采用沉箱吊运或搭岸式半潜驳出运时,当风力大于6级时应停止作业。评估时根据大于6级风的年平均日数划分。

(16)波高 X_{43},参考《水运工程施工安全防护技术规范》(JTS 205—1—2008),

当波高太大时,码头施工的许多水上作业都会受到影响,如当波高大于1.0m时,不宜进行沉箱的溜放;浮船坞或半潜驳下潜时,下潜区波高不宜大于1.0m。评估时根据设计高水位五十年一遇的波要素 $H_{4\%}$ 划分,还应考虑涌浪的影响。

(17) 潮差 X_{44},参考《码头结构施工规范》(JTS 215—2018),并根据前期《复杂条件下港口工程施工安全风险评估制度及试点研究》课题研究成果。沿海潮差越大施工风险越高,如施工船舶容易搁浅,不同的潮差对施工船舶沉桩时的稳定和已完成沉桩的基桩影响较大等。评估时根据最近站点或推算的平均潮差进行划分。

(18) 潮流 X_{45},参考《水运工程施工安全防护技术规范》(JTS 205—1—2008)和《码头结构施工规范》(JTS 215—2018),当潮流流速太大时,码头施工的许多水上作业都会受到影响,如沉箱安装宜在流速不大于1.0m/s的工况条件下作业;沉箱运输安装时,流速的大小对船舶的稳定性以及沉箱安装的准确性影响较大,控制不好易发生质量和安全事故,流速越小风险越小。评估时根据潮流流速最大值进行划分。

(19) 雾日 X_{46},参考《水运工程施工安全防护技术规范》(JTS 205—1—2008),船舶雾航必须按《国际海上避碰规则》和《中华人民共和国内河避碰规则》的有关规定执行;停航通告发布后,必须停止航行;当遇到雾日时,施工的许多水上作业都会受到影响或停止作业,如《码头结构施工规范》(JTS 215—2018)要求半潜驳或浮船坞下潜时,下潜区的能见度宜大于1000m。评估时根据年平均能见度小于1000m雾日划分。

(20) 冰冻、冰凌 X_{47},参考《水运工程施工安全防护技术规范》(JTS 205—1—2008),冰冻期不宜在封冻的水域进行调遣拖航;一定体积的浮冰会对施工船舶、水上建(构)筑物等造成破坏;同时,冻融对混凝土的耐久性影响也较大。评估时根据出现天数以及持续时间确定。

(21) 回淤程度 X_{48},施工区域回淤程度大小对基础稳定与施工过程安全影响较大。评估时结合水文条件、工程本身特点或周边工程的情况作出判断。

(22) 地质水文气象资料 X_{51},地质、水文、气象资料完整性对施工过程中的风险控制影响较大,评估时根据地勘资料以及当地或附近的水文、气象资料记录年份综合判断。

(23) 设计文件 X_{52},完整的文件包括平面图、立面图、剖面图、结构图、大样图以及设计说明,设计文件的完整性是施工的前提保证;目前依然存在一些项目在开工前设计文件不完整的情况,故应在评估中予以考虑。

表 A.2　内河码头工程总体风险评估指标体系

【解析】　表中各指标来源和取值说明如下。

(1) 泊位吨级 X_{11},参考《河港工程总体设计规范》(JTS 166—2020)和《码头结构施工规范》(JTS 215—2018),按水工结构吨级划分,码头吨级越大,相应的施工风险也越大。珠江、闽江等通航等级较高的河流下游或库区的码头泊位吨级指标可借鉴参考长江中下游及三峡库区。

(2) 基槽与岸坡开挖 X_{12},同本篇附录 A 表 A.1 中的基槽与岸坡开挖 X_{12}。

(3) 基础工程 X_{13},同本篇附录 A 表 A.1 中的基础工程 X_{13}。

(4) 码头结构形式 X_{14},参考《码头结构设计规范》(JTS 167—2018)和《码头结构施工规范》(JTS 215—2018),码头结构形式主要有混合形式码头、新形式码头、板桩码头、框架式高桩码头、非框架式高桩码头、重力式码头、浮码头、斜坡码头,其中混合形式码头、新形式码头风险较大。

(5) 码头上部结构工程 X_{15},参考《码头结构施工规范》(JTS 215—2018),码头上部结构工程的施工方式主要有水上作业现浇混凝土主体构件、水上作业主体预制构件安装、临水作业主体预制构件安装、临水作业现浇混凝土主体构件,其中水上作业现浇混凝土主体构件风险较大,临水作业现浇混凝土主体构件风险较小;另外内河码头有采用围堰干地施工的方式,现浇混凝土主体构件涉及支架施工,施工风险较主体预制构件安装大。使用两种及以上施工方式的,取高值。

(6) 工程水域水深 X_{21},参考《河港工程总体设计规范》(JTS 166—2020)和《码头结构施工规范》(JTS 215—2018),水域水深越深,对应的风险也越大,施工作业的条件要求也越高;评估时应综合评估天然水深或开挖后水深,二者取大值。

(7) 围堰挡水高度 X_{22},适用于围堰干地施工。参考《水利水电工程围堰设计规范》(SL 645—2013)的围堰分级,并结合内河码头吨位划分。作为内河码头干地施工的围堰,都为临时建筑物,小于 15m 为 5 级围堰;内河码头多为 3000t 级以下,前沿水深不深,主要考虑的是汛期的挡水高度。

(8) 基坑深度 X_{23},参考《危险性较大的分部分项工程安全管理办法》,深度大于或等于 3m 的基坑属危险性较大的分部分项工程,须编制专项方案;深度大于或等于 5m 的基坑属超过一定规模危险性较大的分部分项工程,须专家论证。评估时应根据基坑深度确定。

(9) 航道等级 X_{24},参考《内河通航标准》(GB 50139—2014),按照主航道等级划分。

(10) 施工水域通航影响 X_{25}，在一定的范围内，码头施工与通航会相互影响，如水上沉桩施工会对通航造成影响，同时通航船舶船行波会影响打桩船及已沉基桩的稳定性；评估时根据通航密度情况、通航船舶船行波对施工的影响等情况进行综合判断。

(11) 工程施工场地周边妨碍物 X_{26}，同本篇附录 A 表 A.1 中的工程施工场地周边妨碍物 X_{24}。

(12) 工程选址 X_{27}，同本篇附录 A 表 A.1 中的工程选址 X_{26}。

(13) 岸坡地质 X_{31}，同本篇附录 A 表 A.1 中的岸坡地质 X_{31}。

(14) 码头施工区域地质 X_{32}，同本篇附录 A 表 A.1 中的码头施工区域地质 X_{32}。

(15) 台风或突风 X_{41}，同本篇附录 A 表 A.1 中的台风或突风 X_{41}。

(16) 风力条件 X_{42}，同本篇附录 A 表 A.1 中的风力条件 X_{42}。

(17) 年度水位差或潮差 X_{43}，参考《码头结构施工规范》(JTS 215—2018)，本指标根据施工所处的区域划分为沿海和河流，河流的主要区域再划分为山区河流与平原河流，山区河流的年度水位差较大，平原河流的年度水位差较小，不同的潮差或水位差对施工安全影响不同。根据前期《复杂条件下港口工程施工安全风险评估制度及试点研究》课题研究成果，潮差或水位差越大施工风险越高，如趁潮施工，船舶更易搁浅，沉桩时施工船舶更不稳定，对施工平台和已完成基桩影响更大等；山区河流与平原河流的水位差差别较大，山区河流水位差大于 20m、平原河流水位差大于 6m 时，施工风险较高，山区河流水位差小于 6m、平原河流水位差小于 2m 时，施工风险较小。评估时潮差根据多年最近站点或推算的平均潮差进行划分，水位差根据多年最近站点或推算的平均年度水位差进行划分。同时鉴于内河所处区域的多样性，长江等大江大河（除河口地区）的水位差借鉴参考山区河流，河口地区借鉴参考平原河流；河网地区和运河的水位差借鉴参考平原河流；库区的水位差借鉴参考山区河流；受潮汐影响的河口地区应将潮差和年度水位差进行比较，取大值。

(18) 河流流速或潮流 X_{44}，参考《水运工程施工安全防护技术规范》(JTS 205—1—2008) 和《码头结构施工规范》(JTS 215—2018)，当流速太大时，码头施工的许多水上作业都会受到影响，如流速的大小对施工船舶稳定性、已沉基桩、围堰施工及稳定等影响较大，控制不好易发生安全和质量事故，流速越小风险越小；同时，不同区域的施工船舶对流速的适应性能不一样。本《指南》主要按沿海、山区河流、平原河流划分。沿海根据潮流流速最大值进行划分，内河根据河流流速最大值进行划分。受潮汐影响的河口地区应将潮流和河流流速进行比较，取大值；对于长江等大江大河,分级指标可适当加大;在山区河道地势起伏大、流速紊乱的情况下,取高值。

(19)雾日 X_{45},同本篇附录 A 表 A.1 中的雾日 X_{46}。

(20)冰冻冰凌 X_{46},同本篇附录 A 表 A.1 中的冰冻冰凌 X_{47}。

(21)河床冲淤变化 X_{47},施工区域河床冲淤变化对基础稳定与施工过程安全影响较大。评估时结合水文条件、工程本身特点或周边工程的情况作出判断。

(22)地质水文气象资料 X_{51},同本篇附录 A 表 A.1 中的地质水文气象资料 X_{51}。

(23)设计文件 X_{52},同本篇附录 A 表 A.1 中的设计文件 X_{52}。

表 A.3 沿海码头护岸与防波堤工程总体风险评估指标体系

【解析】 表中各指标来源和取值说明如下。

(1)建设总体长度 X_{11},按建设总体长度划分,长度越长,工程量也越大,相应的施工风险也越大。

(2)地基与基础工程 X_{12},参考《防波堤与护岸设计规范》(JTS 154—2018)和《防波堤与护岸设施工规范》(JTS 208—2020),按照护岸与防波堤的结构形式划分,分为直立式、混合式、斜坡式。表 A.3 中按斜坡式护岸与防波堤的地基与基础工程结构形式划分,直立式地基与基础工程参考码头总体风险评估。所列施工工艺是并列关系,采取两种以上地基处理方式的取高值。

(3)堤(墙)身结构工程 X_{13},参考《防波堤与护岸设计规范》(JTS 154—2018)和《防波堤与护岸施工规范》(JTS 208—2020),一般情况下,斜坡式和简易形式施工风险较小。评估时根据结构形式与周边环境综合判断。

(4)护面结构工程 X_{14},参考《防波堤与护岸施工规范》(JTS 208—2020),护面结构主要有人工块体护面、大块石护面、干砌或浆砌块石、干砌条石护面、模袋混凝土,人工块体护面安装施工涉及起重吊装作业,风险较大。评估时结合施工分包队伍的施工经验值综合确定分值,使用两种及以上的,取高值。

(5)堤顶结构 X_{15},参考《防波堤与护岸施工规范》(JTS 208—2020),堤顶结构主要有现浇混凝土胸墙与防浪墙、压顶块体预制安装、浆砌石胸墙与防浪墙,其中现浇混凝土胸墙与防浪墙涉及大模板吊装和临水混凝土浇筑,风险较大。

(6)附属设施 X_{16},附属设施施工涉及临水安装作业,存在施工风险。

(7)工程水域掩护条件 X_{21},参考《防波堤与护岸施工规范》(JTS 208—2020),水域掩护条件越好则风险越小;评估时若个别指标叠加的情况下,取高值,如离岸距离与掩护条件的风险叠加。

(8)工程水域水深 X_{22},参考《防波堤与护岸施工规范》(JTS 208—2020),水域水深越深,对应的风险也越大,施工作业的条件要求也越高;评估时应综合评估天然水深或开挖后水深,二者取大值。

(9)工程施工场地周边妨碍物 X_{23},同本篇附录 A 表 A.1 中的工程施工场地周边妨碍物 X_{24}。

(10)防台避风锚地 X_{24},同本篇附录 A 表 A.1 中的工程防台避风锚地 X_{25}。

(11)岸坡地质 X_{31},参考《防波堤与护岸施工规范》(JTS 208—2020),岸坡地质情况的好坏以及了解程度对护岸与防波堤施工期安全的影响较大,如产生滑移,则会对护岸与防波堤施工及已完成的部分造成破坏。

(12)施工区域地质 X_{32},参考《防波堤与护岸施工规范》(JTS 208—2020),施工区域地质的情况与施工风险密切相关,如淤泥质软土层厚度大于 12m,或存在较厚的软弱夹层,或土层倾斜较大,或易发生滑坡区域,则施工风险较大;评估时根据地质勘探和实际开挖情况综合判断,重点分析淤泥质软土层和软弱夹层厚度以及土层倾斜情况。

(13)台风或突风 X_{41},同本篇附录 A 表 A.1 中的台风或突风 X_{41}。

(14)风力条件 X_{42},参考《水运工程施工安全防护技术规范》(JTS 205—1—2008),当风力太大时,许多水上作业都会受到影响,如人工块体吊运安装时,当风力大于 6 级时应停止作业。评估时根据大于 6 级风的年平均日数划分。

(15)波高 X_{43},参考《水运工程施工安全防护技术规范》(JTS 205—1—2008),当波高太大时,护岸与防波堤施工的许多水上作业都会受到影响,尤其是直立式结构,如当波高大于或等于 1m 时,不宜进行沉箱的溜放;沉箱安装波高不大于 0.8m。评估时根据设计高水位五十年一遇的波要素 $H_{4\%}$ 划分,还应考虑涌浪的影响。

(16)潮差 X_{44},参考《防波堤与护岸施工规范》(JTS 208—2020),并根据前期《复杂条件下港口工程施工安全风险评估制度及试点研究》课题研究成果,沿海潮差越大施工风险越高,如趁潮施工,施工船舶更易搁浅,沉桩(板桩)时施工船舶更不稳定,对已完成基桩的影响更大等。评估时根据最近站点或推算的平均潮差进行划分。

(17)潮流 X_{45},同本篇附录 A 表 A.1 中的潮流 X_{45}。

(18）雾日 X_{46}，同本篇附录 A 表 A.1 中的雾日 X_{46}。

(19）冰冻冰凌 X_{47}，同本篇附录 A 表 A.1 中的冰冻冰凌 X_{47}。

(20）回淤程度 X_{48}，同本篇附录 A 表 A.1 中的回淤程度 X_{48}。

(21）地质水文气象资料 X_{51}，同本篇附录 A 表 A.1 中的地质水文气象资料 X_{51}。

(22）设计文件 X_{52}，同本篇附录 A 表 A.1 中的设计文件 X_{52}。

表 A.4　内河码头护岸工程总体风险评估指标体系

【解析】 表中各指标来源和取值说明如下。

(1）建设总体长度 X_{11}，同本篇附录 A 表 A.3 中的建设总体长度 X_{11}。

(2）地基与基础工程 X_{12}，同本篇附录 A 表 A.3 中的地基与基础工程 X_{12}。

(3）堤（墙）身结构工程 X_{13}，同本篇附录 A 表 A.3 中的堤（墙）身结构工程 X_{13}。

(4）护面结构工程 X_{14}，同本篇附录 A 表 A.3 中的护面结构工程 X_{14}。

(5）堤顶结构 X_{15}，同本篇附录 A 表 A.3 中的堤顶结构 X_{15}。

(6）附属设施 X_{16}，同本篇附录 A 表 A.3 中的附属设施 X_{16}。

(7）工程水域水深 X_{21}，同本篇附录 A 表 A.3 中的工程水域水深 X_{22}。

(8）围堰挡水高度 X_{22}，适用于围堰干地施工。参考《水利水电工程围堰设计规范》(SL 645—2013）的围堰分级，并结合内河码头吨级划分。作为内河码头干地施工的围堰都为临时建筑物，小于 15m 为 5 级围堰；内河码头多为 3000t 级以下，前沿水深不深，主要考虑的是汛期的挡水高度。

(9）基坑深度 X_{23}，参考《危险性较大的分部分项工程安全管理办法》，深度大于或等于 3m 的基坑属危险性较大的分部分项工程，须编制专项方案；深度大于或等于 5m 的基坑属超过一定规模危险性较大的分部分项工程，须专家论证。评估时应根据基坑深度确定。

(10）工程施工场地周边妨碍物 X_{24}，同本篇附录 A 表 A.1 中的工程施工场地周边妨碍物 X_{24}。

(11）岸坡地质 X_{31}，同本篇附录 A 表 A.3 中的岸坡地质 X_{31}。

(12）施工区域地质 X_{32}，施工区域地质的情况与施工风险密切相关，如淤泥质软土层厚度大于 6m，或存在较厚的软弱夹层，或土层倾斜较大，或存在溶洞；处于地质灾害易发区域，则施工风险较大；评估时根据地质勘探和实际开挖情况综合判断，重点分析淤泥质软土层和软弱夹层厚度以及土层倾斜情况。

(13)台风或突风 X_{41},同本篇附录 A 表 A.1 中的台风或突风 X_{41}。

(14)风力条件 X_{42},同本篇附录 A 表 A.3 中的风力条件 X_{42}。

(15)年度水位差或潮差 X_{43},参考《防波堤与护岸设施工规范》(JTS 208—2020)和《码头结构施工规范》(JTS 215—2018),其他同本篇附录 A 表 A.2 中的年度水位差或潮差 X_{43}。

(16)河流流速或潮流 X_{44},同本篇附录 A 表 A.2 中的河流流速或潮流 X_{44}。

(17)雾日 X_{45},同本篇附录 A 表 A.1 中的雾日 X_{46}。

(18)冰冻冰凌 X_{46},同本篇附录 A 表 A.1 中的冰冻冰凌 X_{47}。

(19)河床冲淤变化 X_{47},同本篇附录 A 表 A.2 中的河床冲淤变化 X_{47}。

(20)地质水文气象资料 X_{51},同本篇附录 A 表 A.1 中的地质水文气象资料 X_{51}。

(21)设计文件 X_{52},同本篇附录 A 表 A.1 中的设计文件 X_{52}。

附录 B 港口工程施工作业程序分解

【解析】 表 B.1～表 B.4 参考《码头结构施工规范》(JTS 215—2018)及《水运工程质量检验标准》(JTS 257—2008),将港口工程中的高桩码头、重力式码头、板桩码头工程、防波堤与护岸工程的施工作业程序按单位工程、分部工程、分项工程(或作业环节)、施工工序进行逐级分解。本附录为资料性附录,评估时可结合工程实际情况进行调整。

附录 C 港口工程施工的典型风险事件类型

【解析】 表 C.1～表 C.5 是参考《码头结构施工规范》(JTS 215—2018),根据前期《复杂条件下港口工程施工安全风险评估制度及试点研究》课题研究成果以及专家意见,对高桩码头、重力式码头、板桩码头工程、防波堤与护岸工程、大临工程(围堰和基坑开挖)中各分项工程(或作业环节)的典型风险事件类型进行了分析、筛选并列表示意。本附录为资料性附录,评估时可结合工程实际情况进行调整。

附录 D 港口工程常见重大作业活动清单

【解析】 表 D.1 和表 D.2 是参考《码头结构施工规范》(JTS 215—2018),并征集专家意见,分别列出了沿海港口工程中高桩码头、重力式码头、板桩码头、防波堤及护岸等工程的重大作业活动,以及内河港口工程中高桩码头、重力式码头、板桩码头、护岸等工程的重大作业活动。本附录为资料性附录,评估时可结合工程实际情况进行选择与调整(增加或减少)。

表 D.1~表 D.2 解析:作业活动按照复杂程度分为一般作业活动和重大作业活动,表中所列为沿海港口工程常见重大作业活动清单,为减少重复,本《指南》将一些具体的作业活动合并,以通用作业活动的形式进行表述,如高桩码头工程中的现浇桩帽、横梁等施工表述为水上现场浇筑,实际操作时可直接将桩帽和横梁现浇施工分别列为2个重大作业活动,按照附录 E 中 E.10(水上/临水现场浇筑)的要求分别进行风险事件可能性的估测。

部分内河港口工程采用干地施工的施工方法,根据工程具体情况,可采用先围堰再将围堰内的水抽干后形成干地,或人工筑岛,然后再在干地上进行施工,因此,表 D.2 中列出采用干地施工时的一些常见重大作业活动。

附录 E 重大作业活动的风险事件可能性评估指标体系

E.1 沉箱出运下水

【解析】 表中各指标来源和取值说明如下。

(1)沉箱形状 X_{11},参考《码头结构施工规范》(JTS 215—2018),沉箱形状与沉箱的重心位置和陆上移运方式有关,不同的形状风险也不同。采取两种以上形状、规格的沉箱,评估时取高值。

(2)沉箱高宽比 X_{12},参考《码头结构施工规范》(JTS 215—2018),沉箱高宽比与沉箱的重心位置及陆上移运方式有关,高宽比越大,重心越高,陆上移运和下水的风险也越大。

(3)沉箱吨位 X_{13},参考《码头结构施工规范》(JTS 215—2018),沉箱吨位越大,陆上移运和下水的风险也越大。

(4)地面或轨道坡度 X_{21},参考《水运工程施工安全防护技术规范》(JTS 205—1—2008),坡度越大,陆上移运和下水的风险越大。气囊移运通道坡度不宜大于2%。

(5)地基条件 X_{22},参考《水运工程施工安全防护技术规范》(JTS 205—1—2008),气囊及台车移运地基承载力应满足施工荷载的要求。评估时根据出运场地强度和稳定性验算、补强加固以及沉降观测情况综合判定。

(6)风力条件 X_{31},参考《水运工程施工安全防护技术规范》(JTS 205—1—2008),采用沉箱吊运或搭岸式半潜驳出运时,当风力大于6级应停止作业;评估时根据大于6级风的年平均日数划分。

(7)台风或突风 X_{32},台风或突风的大小以及引发的风浪会对施工船舶及沉箱移运产生影响。在台风季节或施工时遇到突风,会给作业带来风险;评估时根据台风或突风的年平均次数划分,施工不在台风或突风季节的可以降低取值。

(8)波高 X_{33},参考《水运工程施工安全防护技术规范》(JTS 205—1—2008),沉箱出运下水时,波高的大小对沉箱或船舶稳定性影响较大;如当波高大于或等于1m时,不宜进行沉箱的溜放;此外还应考虑涌浪的影响。

(9)潮流流速 X_{34},参考《水运工程施工安全防护技术规范》(JTS 205—1—2008),沉箱出运下水时,流速的大小对沉箱(浮运)或船舶(半潜驳或起重船)稳定性影响较大,控制不好易发生质量和安全事故,流速越小风险越小。

(10)不良天气 X_{35},参考《水运工程施工安全防护技术规范》(JTS 205—1—2008),不良天气会对沉箱出运下水造成影响,如采用搭岸式半潜驳出运时,遇雷雨天气应停止作业。评估时根据施工期间是否会涉及冬季、夜间、雾天、雷雨天等不良天气,以及不良天气持续天数进行综合判断。

(11)预制场选址合理性 X_{41},考虑距离、风速、水文条件等因素,预制场选址合理,出运下水作业风险小,专业预制场应根据水上运输距离与方式进行综合考虑。

(12)出运工艺 X_{42},参考《码头结构施工规范》(JTS 215—2018),采用台车出运下水风险较采用气囊小;采用其他工艺由评估小组综合评估。

(13)机具状态 X_{43},施工风险与机具状态的好坏相关,指标分为一般、较好和好三个等级;评估时根据沉箱出运所用到的千斤顶、卷扬机、索具、气囊等机具检查状态及性能,由评估小组综合评估。

(14)船机富余程度 X_{44},参考《码头结构施工规范》(JTS 215—2018)和《水运工程施工安全防护技术规范》(JTS 205—1—2008),富余程度越大,风险越小。评估时根据所使用船舶、机具富余程度,由评估小组综合评估。

(15)下水方式 X_{45},参考《码头结构施工规范》(JTS 215—2018),采用座底半潜驳、干船坞出运下水较滑道风险小。

(16)工期安排合理性 X_{46},参考《码头结构施工规范》(JTS 215—2018),沉箱出运下水工期安排合理,则风险小,反之则大。

(17)作业场地布局及周边情况 X_{51},参考《水运工程施工安全防护技术规范》(JTS 205—1—2008),气囊出运沉箱应在作业区周边 20m 处设置安全警戒线。评估时根据施工现场平面布置与物品堆放秩序、周边有无宿舍区等,由评估小组综合评估。

(18)通信环境与设备 X_{52},在沉箱出运下水过程中,需要借助通信手段指挥在各个作业面的操作人员,通信环境与设备的好坏对沉箱出运下水的风险控制影响较大。

E.2 沉箱运输及安装

【解析】 表中各指标来源和取值说明如下。

(1)沉箱形状 X_{11},参考《码头结构施工规范》(JTS 215—2018),沉箱形状与沉箱的浮游稳定或水上运输方式有关,不同的形状风险也不同。采用两种以上形状、规格的沉箱,评估时取高值。

(2)沉箱高宽比 X_{12},参考《码头结构施工规范》(JTS 215—2018),沉箱高宽比与沉箱的浮游稳定或水上运输、安装方式有关,高宽比越大,重心越高,运输及安装的风险也越大。

(3)沉箱吨位 X_{13},参考《码头结构施工规范》(JTS 215—2018),沉箱吨位越大,水上运输与安装的风险也越大。

(4)风力条件 X_{21},参考《水运工程施工安全防护技术规范》(JTS 205—1—2008),沉箱安装宜在风力不大于 6 级的工况条件下作业;评估时根据大于 6 级风的年平均日数划分。

(5)台风或突风 X_{22},台风或突风的大小以及引发的风浪对沉箱运输、施工船舶、沉箱安装及已完成安装的沉箱产生影响,在台风季节或施工时遇到突风,会给作业带来风险,评估时根据年平均次数划分,施工不在台风或突风季节的可以降低取值。台风或突风期间施工应及时做好加固措施。

(6)波高 X_{23},参考《水运工程施工安全防护技术规范》(JTS 205—1—2008),沉箱安装宜在波高不大于 0.8m 的工况条件下作业;波高的大小对施工船舶的稳定性产生影响,因此波高越大,影响也越大,风险也越大,另外评估时还应考虑涌浪的影响。

(7)潮流流速 X_{24},参考《水运工程施工安全防护技术规范》(JTS 205—1—2008),沉箱安装宜在流速不大于 1.0m/s 的工况条件下作业;沉箱运输安装时,流速的大小对船舶的稳定性以及沉箱安装的准确性影响较大,控制不好易发生质量和安全事故,流速越小风险越小。

(8)雾日 X_{25},同本篇附录 A 表 A.1 中的雾日 X_{46}。

(9)海面浮冰 X_{26},参考《水运工程施工安全防护技术规范》(JTS 205—1—2008),冰冻期不宜在封冻的水域进行长途调遣拖航;同时一定体积的浮冰会对施工船舶造成破坏。评估时根据海面有无浮冰,以及浮冰数量、大小和是否对船体造成破坏进行判断。

(10)不良天气 X_{27},参考《水运工程施工安全防护技术规范》(JTS 205—1—2008),不良天气会对施工船舶的航行与作业带来不良的影响。评估时根据拖运期间是否会涉及雨雪天等不良天气以及其持续时间进行判断。

(11)运输距离 X_{31},参考《码头结构施工规范》(JTS 215—2018),沉箱水上运输距离越远,风险越大。

(12)出驳方式 X_{32},参考《码头结构施工规范》(JTS 215—2018),沉箱出驳方式按是否需要助浮划分为需要助浮和不需要助浮,需要助浮的方式较不需要助浮的施工风险大。起重船助浮时,起重船在主钩挂钩、主钩预吊(第一次提供吊力)和主钩提供"助浮"起吊吊力值时,都需要半潜驳(浮船坞)密切配合并停止下潜。同时,半潜驳(浮船坞)下潜过程中还需要通过向沉箱内仓中注水来保持其浮游稳定,若控制不当,易造成安全事故。

(13)沉箱运输方式 X_{33},参考《码头结构施工规范》(JTS 215—2018),采用半潜驳或浮船坞运输的方式较浮运风险小。

(14)机具状态 X_{34},施工风险与机具状态的好坏相关,指标分为一般、较好和好三个等级;评估时根据沉箱拖运所用到的拖环、围缆、拖缆、索具等机具状态,由评估小组综合评估。机具性能好、使用年限短、日常维护好,则风险小。

(15)船机富余程度 X_{35},同沉箱出运下水风险评估指标体系表 E.1 中的船机富余程度 X_{44}。

(16)浮游稳定性 X_{36},参考《码头结构施工规范》(JTS 215—2018),采用浮运拖带法运输沉箱和浮运安装前,应验算沉箱吃水,并对沉箱在浮运拖带过程中各不同工况条件下进行浮游稳定验算。评估时,近程浮运指在同一港区内或运程在 30n mile 以内的浮运(包括在掩护良好的海域浮运),远程浮运指整个浮运时间内有夜间航行或运程不小于 30n mile 的浮运(包括在无掩护海域浮运)。

(17)工期 X_{37},参考《码头结构施工规范》(JTS 215—2018),工期的安排适合沉箱运输及安装的,则风险小,反之则大。评估时由评估小组根据施工期的长短、是否跨台风季以及跨台风季的时间长短进行综合判断。

(18)航道航线选择合理 X_{41},参考《码头结构施工规范》(JTS 215—2018),根据航道水深、航道宽度、拖船沿线暗礁、浅点、渔网点、水产养殖区情况、有无船舶通行、作业、周围有无生产性泊位等情况,由评估小组综合确定。

E.3 水上沉桩施工

【解析】 表中各指标来源和取值说明如下。

(1)桩的材质 X_{11},参考《码头结构施工规范》(JTS 215—2018),按照桩的材质划分,材质越好,风险越小,钢桩的施工风险较混凝土桩更小。组合桩按组成材料分别取值后取最大值。

(2)桩长 X_{12},参考《码头结构施工规范》(JTS 215—2018),桩长越长,则吊桩、施打难度越大,对应的风险也越大。当需要进行水上接桩时,分值取值应调高一个区间。河口地区港口借鉴参考沿海。

(3)直径(边长)X_{13},参考《码头结构施工规范》(JTS 215—2018),桩径越大(边长越长),同样的长度则重量越大,吊桩、施打难度越大,对应的风险也越大。

(4)桩型 X_{14},参考《码头结构施工规范》(JTS 215—2018),分为斜桩与直桩,斜桩施工难度大,对应的风险也越大。评估时根据结构复杂情况和受力模式确定。

(5)扭角 X_{15},参考《码头结构施工规范》(JTS 215—2018),扭角越大,施工难度越大,对应的风险也越大。

(6)沉桩区域地质条件 X_{21},参考《码头结构施工规范》(JTS 215—2018),评估时根据桩的承载性质、桩型、地质勘探综合考虑,重点考虑覆盖层和硬夹层厚度、持力层倾斜情况、是否存在孤石或溶洞等。

(7)岸坡地质条件 X_{22},岸坡地质条件的好坏对沉桩施工影响较大,沉桩带来的振动和扰动易引发岸坡滑移,评估时根据岸坡勘探、周边堆载等条件综合判断,应重点分析淤泥质软土层、软弱夹层厚度与土层倾斜情况,以及是否处于地质灾害易发区域进行判断。

(8)风力条件 X_{31},参考《水运工程施工安全防护技术规范》(JTS 205—1—2008)、《公路水运工程施工安全标准化指南》,风速大于 6 级时禁止施工设备起重起吊桩基作业,评估时根据大于 6 级风的年平均日数划分。

(9)波高 X_{32},参考《码头结构施工规范》(JTS 215—2018),波高过大会对打桩船的稳定性和已完成基桩产生影响,波高越大,影响也越大,风险也越大,该指标适用于沿海和受潮汐影响的河口地区。评估时还应考虑涌浪的影响。

(10)潮流或河流流速 X_{33},同本篇附录 A 表 A.2 中的河流流速或潮流 X_{44}。

(11)台风或突风 X_{34},台风或突风的大小以及引发的风浪对施工船舶及已完成沉桩的基桩产生影响,在台风季节或施工时遇到突风,会给作业带来风险,评估时根据年平均次数划分,施工不在台风或突风季节的可以降低取值。台风或突风期间施工应及时做好加固措施。

(12)潮差或年度水位差 X_{35},同本篇附录 A 表 A.2 中的年度水位差或潮差 X_{43}。

(13)河床冲淤变化 X_{36},适用于内河水上沉桩施工。河床冲淤变化对基桩稳定影响较大。评估时应结合水文条件、工程本身特点或周边工程的情况作出判断。

(14)沉桩方式 X_{41},参考《码头结构施工规范》(JTS 215—2018),不同的沉桩方式会形成不同程度的风险,锤击法比振动法、液压法风险大。

(15)船机富余程度 X_{42},参考《码头结构施工规范》(JTS 215—2018)和《水运工程施工安全防护技术规范》(JTS 205—1—2008),富余程度越大,风险越小。评估时根据打桩船、运桩船、定位船及其他辅助船的性能状况,由评估小组综合评估。

(16)岸坡开挖 X_{43},沉桩会对岸坡稳定造成影响,施工产生的振动和扰动有可能造成岸坡滑移。原岸坡是否进行预先开挖处理,消除不稳定的因素,对岸坡稳定影响较大。评估时根据沉桩前岸坡有无开挖以及开挖范围进行综合判别。

(17)岸坡监测 X_{44},沉桩会对岸坡稳定造成影响,沉桩过程中,特别在基础条件不好的岸坡容易失稳,出现滑坡、坍塌或推移的情况,因此在施工期开展监测工作,提前预警,对施工风险的控制至关重要。评估时根据施工期是否进行位移、沉降等变形监测等进行判断。

(18)沉桩工期合理性 X_{45},参考《码头结构施工规范》(JTS 215—2018),工期的安排适合沉桩,则风险小,反之则大。评估时由评估小组根据实际状况确定。

(19)截桩施工平台 X_{46},采用不同的截桩施工平台对截桩作业风险的影响较大,固定的优于非固定的,评估时根据具体的平台方案进行判断。赶潮水截桩建议取高值。

(20)施工区附近管线等障碍物 X_{51},在沉桩过程中,由于施工产生的振动和扰动等,会对施工场地周边管线等造成影响。施工区附近是指施工区及外围 500m 以内的范围,评估时根据施工工艺以及施工机具的影响范围进行综合判断。

(21)施工水域通航环境 X_{52},在一定的范围内,水上沉桩施工会对通航造成影响,同时通航船舶船行波也会影响打桩船及已沉基桩的稳定性,尤其在内河进行沉桩作业时需要考虑这方面的问题;评估时根据通航密度情况、通航船舶船行波对施工的影响等情况进行综合判断。

E.4 水上灌注桩施工

【解析】 表中各指标来源和取值说明如下。

(1)钢护筒深度 X_{11},参考《码头结构施工规范》(JTS 215—2018),按照钢护筒埋深的深浅划分,钢护筒埋设越浅,施工风险越大。

(2)桩长 X_{12},参考《码头结构施工规范》(JTS 215—2018),灌注桩桩长越长,施工难度越大,对应的风险也越大。

(3)直径 X_{13},参考《码头结构施工规范》(JTS 215—2018),桩径越大,施工难度越大,对应的风险也越大。

(4)桩型 X_{14},参考《码头结构施工规范》(JTS 215—2018),按嵌岩与非嵌岩划分,嵌岩桩又分为斜桩与直桩,嵌岩斜桩施工难度大,对应的风险也大。

(5)成桩地质条件 X_{21},参考《码头结构施工规范》(JTS 215—2018),评估时根据桩的类别、地质勘探综合考虑,重点考虑覆盖层和硬夹层厚度、持力层倾斜情况或是否存在孤石或溶洞等。

(6)岸坡地质条件 X_{22},岸坡地质条件的好坏对灌注桩施工平台的稳定影响较大,同时,冲孔带来的振动和扰动易引发岸坡滑移,评估时根据岸坡勘探、覆盖层厚度、周边堆载等条件综合判断,应重点分析淤泥质软土层和软弱夹层厚度、土层和持力层倾斜情况,以及是否处于地质灾害易发区域进行判断。

(7)风力条件 X_{31},参考《水运工程施工安全防护技术规范》(JTS 205—1—2008)、《公路水运工程施工安全标准化指南》,风速大于 6 级时禁止钢筋笼起重吊装作业,评估时根据大于 6 级风的年平均日数划分。

(8)台风或突风 X_{32},台风或突风的大小以及引发的风浪对施工平台结构受力、护筒、桩机等产生影响,在台风季节或施工作业时遇到突风,会给作业带来风险,评估时根据年平均次数划分,施工不在台风或突风季节的可以降低取值。台风或突风期间施工应及时做好加固措施。

(9)波高 X_{33},参考《码头结构施工规范》(JTS 215—2018),波高过大会对施工平台结构受力、护筒及浇筑(搅拌船)作业本身产生影响,波高越大,影响也越大,风险也越大,该指标适用于沿海和受潮汐影响的河口地区。

(10)潮差或年度水位差 X_{34},同本篇附录 A 表 A.2 中的年度水位差或潮

差 X_{43}。

(11)河床冲淤变化 X_{35},适用于内河水上灌注桩施工。河床冲淤变化对灌注桩施工平台和护筒稳定影响较大。评估时应结合水文条件、工程本身特点或周边工程的情况作出判断。

(12)施工平台 X_{41},参考《码头结构施工规范》(JTS 215—2018),不同的灌注桩施工平台的结构受力不同,整体稳定性也不同。评估时根据是否整体受力判断。

(13)护筒跟进方式 X_{42},参考《码头结构施工规范》(JTS 215—2018),不同的护筒跟进方式会形成不同程度的风险。

(14)成孔方式 X_{43},参考《码头结构施工规范》(JTS 215—2018),不同的成孔方式因设备、工艺等会造成不同程度的风险。

(15)混凝土输送方式 X_{44},混凝土浇筑时,采用不同的输送方式会带来不同的施工风险,水上输送涉及水上船舶作业,风险较陆上输送大。水上输送使用搅拌船的,分值可取 50~75。

(16)设备性能 X_{45},施工风险与设备性能的好坏相关,设备陈旧性能指标分为较一般、一般、较好和好四个等级,评估时根据设备状态与性能,由评估小组综合评估。设备性能好、使用年限短、日常维护好,则风险小。

(17)截桩施工平台 X_{46},同水上沉桩施工风险事件可能性评估指标体系表 E.3 中的截桩施工平台 X_{46}。

(18)施工区附近管线等障碍物 X_{51},在灌注桩过程中,由于施工产生的振动与扰动等,会对施工场地周边管线等造成影响。施工区附近是指施工区及外围 500m 以内的范围,评估时根据施工工艺以及施工机具的影响范围进行综合判断。

(19)施工水域通航环境 X_{52},一定的范围内,水上灌注桩施工会对通航造成影响,同时通航船舶船行波会影响灌注桩施工及施工平台的稳定性,尤其在内河进行作业时需要考虑这方面的问题;评估时根据通航密度情况、通航船舶船行波对施工的影响等情况进行综合判断。

E.5 接岸(驳岸)工程

【解析】 表中各指标来源和取值说明如下。

(1)基础形式 X_{11},按照基础的深浅划分,深基础一般指基础埋深大于基础宽度且深度大于 5m 的基础,反之为浅基础。深基础的施工风险较浅基础大。

(2)结构形式 X_{12},参考《防波堤与护岸设计规范》(JTS 154—2018)和《防波堤与护岸施工规范》(JTS 208—2020),按照接岸(驳岸)的结构形式划分,分为直立式、混合式、斜坡式,一般情况下斜坡式较稳定,风险也小。评估时根据结构形式与周边环境综合判断。

(3)回填土高度 X_{13},接岸(驳岸)后方回填土的高度对接岸(驳岸)的影响较大,高度越高,墙后土压力越大,风险越大,同时回填都应按规范进行分层回填与碾压。

(4)施工区域地质 X_{21},施工区域地质条件对接岸(驳岸)的稳定影响较大,淤泥质软土层或存在较厚的软弱夹层,或土层倾斜较大,或位于地质灾害易发区域时,在接岸(驳岸)施工时易出现滑移或垮塌,评估时评估小组根据岸坡钻探、周边堆载等条件综合判断,应重点分析淤泥质软土层和软弱夹层厚度以及土层倾斜情况。

(5)潮流或河流流速 X_{31},接岸(驳岸)施工时,流速的大小对基础的冲刷以及施工船舶的稳定性影响较大,控制不好易发生质量和安全事故,流速越小风险越小;同时,不同区域的施工船舶对流速的适应性能不一样,本《指南》主要按沿海、山区河流、平原河流划分。沿海根据潮流流速最大值进行划分,内河根据流速最大值进行划分。受潮汐影响的河口地区应将潮流和河流流速进行比较,取大值;对于长江等大江大河,分级指标可适当加大;在山区河道地势起伏大、流速紊乱的情况下,取高值。

(6)波高 X_{32},参考《防波堤与护岸设计规范》(JTS 154—2018)和《防波堤与护岸施工规范》(JTS 208—2020),波高的大小对基础施工以及对挡墙模板、支撑结构受力及浇筑作业本身产生影响,因此波高越大,影响也越大,风险也越大,该指标适用于沿海和受潮汐影响的河口地区。

(7)潮差或年度水位差 X_{33},同本篇附录 A 表 A.2 中的年度水位差或潮差 X_{43}。

(8)河床冲淤变化 X_{34},适用于内河接岸(驳岸)。河床冲淤变化对接岸(驳岸)的基础稳定与施工过程安全影响较大。评估时应结合水文条件、工程本身特点或周边工程的情况进行综合判断。

(9)不良天气 X_{35},不良的气象容易引发地质灾害,这些都对接岸(驳岸)的稳定及施工安全影响较大。评估时根据施工期是否涉及天文大潮、台风季、雨季等不利状况进行综合判断。

(10)岸坡开挖 X_{41},原岸坡是否进行预先开挖处理,消除不稳定的因素,对接岸(驳岸)的施工风险影响较大。评估时根据施工前岸坡有无开挖以及开挖范围进行综合判断。

(11)地基加固 X_{42},原地基是否进行预先地基加固,消除不稳定的因素,对施工设备的安全以及接岸(驳岸)的施工风险影响较大。评估时根据软弱地基上的接岸结构是否进行了地基加固以及加固的方案进行综合判断。

（12）后方陆域加载 X_{43}，后方陆域加载的情况对接岸（驳岸）的施工风险影响较大，近距离加载，则接岸（驳岸）墙后土压力增大，易引发滑移事故。评估时根据后方陆域加载的距离以及影响范围进行综合判断。

（13）稳定性验算 X_{44}，施工期间是否验算挖泥、回填土、抛填块石和吹填等各种情况的岸坡稳定性，对接岸（驳岸）的施工风险影响较大。评估时根据验算所获得的结果进行综合判断。

（14）周边施工震动影响程度 X_{45}，周边施工震动会影响接岸（驳岸）的稳定。评估时根据距离判断。

（15）施工顺序合理性 X_{46}，施工顺序对接岸（驳岸）的稳定影响较大。评估时主要根据挖泥、软基处理、围堰、沉桩（板桩）各工序衔接、间歇、顺序合理性由评估小组综合评估。

（16）监测 X_{47}，同本篇附录 E 表 E.3 中的岸坡监测 X_{44}。

（17）周边环境排水状况 X_{51}，接岸（驳岸）在施工过程，周边环境排水状况的好坏对接岸（驳岸）的稳定影响较大。

E.6　软基处理工程

【解析】 表中各指标来源和取值说明如下。

（1）土体类型 X_{11}，参考《水运工程地基设计规范》（JTS 147—2017）中软土地基土体的分类。

（2）软土层厚 X_{12}，参考《水运工程地基设计规范》（JTS 147—2017），软土层厚度越大越难处理，产生滑移的风险也越大。

（3）施工工艺 X_{21}，参考《水运工程地基设计规范》（JTS 147—2017），根据软基处理工艺自身的风险大小进行划分。

（4）船机性能 X_{22}，根据船机设备状态与性能，由评估小组综合评估。船机设备性能好、使用年限短、日常维护好，则风险小。

（5）工期合理性 X_{23}，参考《水运工程地基设计规范》（JTS 147—2017），每种软基处理工艺都对应工期的要求，工期合理，则风险小，反之则大。评估时由评估小组根据实际状况确定。

（6）施工场地周边妨碍物 X_{31}，在软基处理过程中，由于施工可能产生软基滑移或工艺自身的振动、冲击波等，故施工风险的大小与施工场地周边是否有妨碍物、妨碍物的种类及与关系妨碍物的距离有密切的关系。

(7)有无交叉施工X_{32},参考《水运工程施工安全防护技术规范》(JTS 205—1—2008),交叉施工存在风险,评估时根据施工工序之间时间、空间的组织安排,判断有无交叉施工,并根据交叉施工的种类及持续时间长短进行风险综合判断。

(8)施工区域X_{33},不同的施工区域,所产生的施工风险不同,水上作业风险较大,陆上作业风险较小。

E.7 潜水作业施工

【解析】 表中各指标来源和取值说明如下。

(1)作业类型X_{11},依据港口工程中涉及潜水作业施工的类型进行划分。其中焊接、切割属于特殊作业。

(2)潜水深度X_{12},参考《空气潜水安全要求》(GB 26123—2010),12m以下一般不需水下减压,24m以上需设置甲板减压舱。水深越深,风险越大。

(3)流速X_{21},参考《空气潜水安全要求》(GB 26123—2010),使用SCUBA潜水,水流速度应小于或等于0.5m/s;使用水面供气式潜水装置潜水,水流速度应小于或等于0.6m/s;使用开式潜水钟潜水,水流速度应小于或等于0.75m/s。当流速大于1.0m/s时,在无安全防御措施的情况下不得进行潜水作业,因特殊情况需要潜水时,应评估现场具体条件,采取更有效的安全防护措施,以确保潜水安全,此时风险取值区间取最高一档。

(4)风力条件X_{22},参考《空气潜水安全要求》(GB 26123—2010),使用潜水梯入出水时,蒲福风力等级应小于或等于4级(风速11~16节,波高1.0m);蒲福风力等级4~5级(风速17~21节,波高1.8m)时,应评估现场具体条件决定是否潜水,此时风险取值区间取最高一档。使用潜水吊笼或潜水钟入水时,蒲福风力等级应小于或等于5级;蒲福风力等级5~6级(风速22~27节,波高3.0m)时,应评估现场具体条件决定是否潜水,此时风险取值区间取最高一档。

(5)波高X_{23},同上条风力条件X_{22}。

(6)水温X_{24},参考《空气潜水安全要求》(GB 26123—2010),在水温5℃以下时,如无安全措施则不适合进行潜水作业,水温越低,则风险越大。

(7)通信装备性能X_{31},参考《空气潜水安全要求》(GB 26123—2010),潜水作业必须确保潜水监督与潜水员之间的通信畅通;在潜水现场,除自携式水下呼吸器潜水外,潜水员与潜水监督所在的潜水站之间应该配备性能良好的双向语音通信系统。性能指标包括信号强度、清晰度等。性能越好,则风险越小。

(8)潜水装备性能X_{32},参考《空气潜水安全要求》(GB 26123—2010),潜水装备性能的好坏与潜水作业安全密切相关,性能越好,则风险越小。

(9) 作业水域通航条件 X_{41},参考《空气潜水安全要求》(GB 26123—2010),在通航水域潜水应报海事主管部门批准;现场应悬挂潜水作业的信号旗、信号灯或号型。通航船舶航行过程中会对潜水员造成伤害,存在潜水作业施工风险。

(10) 水质条件 X_{42},水中腐蚀性污染物的浓度高低和能见度的高低对潜水作业的安全存在影响,水中腐蚀性污染物浓度越低、能见度越高,则风险越小。

(11) 水面照明条件 X_{43},水面照明条件的好坏对潜水作业的安全存在影响,照明条件越好,则风险越小。

(12) 爆破活动 X_{44},参考《爆破安全规程》(GB 6722—2014),进行起爆作业时施工人员、船机应当尽量远离起爆点;在爆破作业的安全允许距离内,不得进行潜水作业。

E.8 水下爆破

【解析】 表中各指标来源和取值说明如下。

(1) 岩石分类 X_{11},参考《水运工程地基设计规范》(JTS 147—2017),按照岩石的强度分极硬岩石、次硬岩石、次软岩石、极软岩石四个级别。坚硬的岩石需要的炸药量大,且可能需要二次爆破,应取高值。

(2) 施工水深 X_{21},参考《爆破安全规程》(GB 6722—2014)以及钻爆船或平台性能、码头吨位进行划分,在不同的水深进行水下爆破,钻孔、布药等步骤的施工难度不同,水深越大风险越大。

(3) 潮流或河流流速 X_{22},参考《爆破安全规程》(GB 6722—2014),在流速较大的水域进行爆破时,应采取高强度导爆管雷管起爆网络,并采取保护措施,另外水下爆破作业,流速的大小对船舶或平台的稳定性和定位影响较大,船舶或平台稳定性和定位不好易发生安全和质量事故,流速越小风险越小;不同区域的施工船舶对流速的适应性能不一样,本《指南》主要按沿海、山区河流、平原河流划分。评估时沿海根据潮流流速最大值进行划分。内河根据河流流速最大值进行划分。受潮汐影响的河口地区,应将潮流和河流流速进行比较,取大值;对于长江等大江大河,分级指标可适当加大;在山区河道地势起伏大、流速紊乱的情况下,取高值;长江等大江大河(除河口地区)的河流流速借鉴参考山区河流,河口地区借鉴参考平原河流;河网地区、运河和库区的河流流速借鉴参考平原河流。

(4) 潮差或年度水位差 X_{23},参考《爆破安全规程》(GB 6722—2014),进行水下爆破作业时,潮差的大小对船舶或平台的稳定性和定位影响较大,水位差的大小直接反映施工水深的变化,随着水深的变化,船舶或平台控制不好易发生质量和安全事故,潮差或年水位差越小,风险越小,水位暴涨暴落时应停止作业。不同区域的施工船舶对潮差或年水位差的适应性能不一样,本《指南》主要按沿海、山区河流、平原河流划分。评估时沿海根据多年平均潮差进行划分,内河根据多年平均年度水位差进行划分。受潮汐影响的河口地区应将潮差和年度水位差进行比较,取大值;长江等大江大河(除河口地区)的水位差借鉴参考山区河流,河口地区借鉴参考平原河流,河网地区和运河的水位差借鉴参考平原河流,库区水位差借鉴参考山区河流。

(5)不良天气 X_{24},参考《爆破安全规程》(GB 6722—2014),水下爆破装药前,应与当地气象、水文部门联系,及时掌握气象、水文资料,遇热带风暴或台风即将来临,雷电、暴雨雪来临,大雾(能见度不超过100m)、风力超过八级、浪高大于1 m,水位暴涨暴落等特殊恶劣气候、水文情况时,应停止爆破作业,所有人员应立即撤到安全地点。评估时应根据施工期间是否会涉及这些不利天气,以及不利天气持续天数的多少进行综合判断。

(6)爆破类别 X_{31},参考《爆破安全规程》(GB 6722—2014),水下爆破主要采用水下裸露爆破、水下钻孔爆破(浅孔、深孔)。裸露爆破对人、船及水生物的破坏较大,风险也较大。

(7)钻孔方式 X_{32},参考《爆破安全规程》(GB 6722—2014),钻孔作业主要采用钻孔爆破工作船和自升式水上作业平台,其中自升式水上作业平台是指由船体和几个可以升降的桩腿组成的水上平台,受风浪影响小,稳定性较好,施工风险较钻孔爆破工作船小。

(8)起爆方法 X_{33},参考《爆破安全规程》(GB 6722—2014),电气起爆法较传爆线、导爆管起爆法风险更易控制。

(9)爆破等级 X_{34},参考《爆破安全规程》(GB 6722—2014)划分,评估时应根据工程类别、一次性爆破总药量、爆破环境复杂程度和爆破物特征确定,如表3-E-1所示。

爆破工程分级 表3-E-1

作业范围	分级计量标准	级别			
		A	B	C	D
岩土爆破[a]	一次爆破药量 $Q(t)$	$100 \leq Q$	$10 \leq Q < 100$	$0.5 \leq Q < 10$	$Q < 0.5$
拆除爆破	高度[b] $H(m)$	$50 \leq H$	$30 \leq H < 50$	$20 \leq H < 30$	$H < 20$
	一次爆破药量[c] $Q(t)$	$0.5 \leq Q$	$0.2 \leq Q < 0.5$	$0.05 \leq Q < 0.2$	$Q < 0.05$

续上表

作业范围	分级计量标准	级别 A	级别 B	级别 C	级别 D
特种爆破[d]	单张复合板使用药量 $Q(t)$	$0.4 \leq Q$	$0.2 \leq Q < 0.4$	$Q < 0.2$	

[a] 表中药量对应的级别指露天深孔爆破。其他岩土爆破相应级别对应的药量系数：地下爆破0.5；复杂环境深孔爆破0.25；露天硐室爆破5.0；地下硐室爆破2.0；水下钻孔爆破0.1，水下炸礁及清淤、挤淤爆破0.2。

[b] 表中高度对应的级别指楼房、厂房及水塔的拆除爆破；烟囱和冷却塔拆除爆破相应级别对应的高度系数为2和1.5。

[c] 拆除爆破按一次爆破药量进行分级的工程类别包括：桥梁、支撑、基础、地坪、单体结构等；城镇浅孔爆破也按此标准分级；围堰拆除爆破相应级别对应的药量系数为20。

[d] 《爆破安全规程》(GB 6722—2014)中第12章所列其他特种爆破都按D级进行分级管理

(10) 警戒方向 X_{35}，参考《爆破安全规程》(GB 6722—2014)，起爆前应安排警戒船舶，检查起爆点周边有无通航船舶、水下是否有潜水员，确认后方可起爆。需要警戒的方向越多，风险越大。

(11) 施工场地条件 X_{41}，参考《爆破安全规程》(GB 6722—2014)，进行起爆作业时施工人员、船机应当尽量远离起爆点，狭小的施工场地以及附近有通航的船舶、养殖区和保护动物都会增大施工的风险，附近一般指施工区及外围500m以内的范围。

(12) 水域掩护条件 X_{42}，参考《爆破安全规程》(GB 6722—2014)，掩护条件的好坏直接影响施工现场的风、浪、流等条件。掩护条件越差，风、浪、流也越大，水下爆破施工的风险也越大。

E.9 水上吊运及安装

【解析】 表中各指标来源和取值说明如下。

(1) 构件类型 X_{11}，参考《水运工程施工安全防护技术规范》(JTS 205—1—2008)，构件类型不同，对捆绑方式和起重方式的要求不同，大型设备及构件的吊运及安装比大模板和钢筋笼、小型设备及构件风险大，其中最大边长8m以上为大型构件。

(2) 重量 X_{12}，参考《水运工程施工安全防护技术规范》(JTS 205—1—2008)及起重设备的起重能力进行分级，大型构件质量大，且在空中作业，吨位越大风险越大。

(3) 吊运高度 X_{13}，参考构件尺寸及起重设备的吊高进行分级。大型构件质量和尺寸大，且在空中作业，吊运高度越高风险越大，空中转角的情况下，风险程度加剧。

(4)吊运跨度 X_{14},参考起重设备吊装作业时的跨度进行分级,跨度越大风险越大。

(5)风力条件 X_{21},参考《水运工程施工安全防护技术规范》(JTS 205—1—2008)、《公路水运工程施工安全标准化指南》的要求,风速大于6级时禁止起重吊装作业,评估时根据大于6级风的年平均日数划分。

(6)波高 X_{22},水上吊运及安装涉及起重船舶作业,波高的大小对船舶的稳定性影响较大,吊运及安装时船舶稳定性不好易发生质量和安全事故,波高越小风险越小。本指标适用于沿海和受潮汐影响的河口地区。

(7)台风或突风 X_{23},参考《水运工程施工安全防护技术规范》(JTS 205—1—2008)、《公路水运工程施工安全标准化指南》的要求,风速大于6级时禁止起重吊装作业,在台风季节或吊装时遇到突风,会给吊装带来风险,评估时根据年平均次数划分,施工不在台风或突风季节可以降低取值。台风或突风期间施工应及时做好加固措施。

(8)潮流或河流流速 X_{24},水上吊运及安装涉及起重船舶作业,流速的大小对船舶的稳定性影响较大,吊运及安装时船舶稳定性不好易发生质量和安全事故,流速越小风险越小;不同区域的施工船舶对流速的适应性能不一样,本《指南》主要按沿海、山区河流、平原河流划分。评估时沿海根据潮流流速最大值进行划分,内河根据河流流速最大值进行划分。受潮汐影响的河口地区,应将潮流和河流流速进行比较,取大值;对于长江等大江大河,分级指标可适当加大;在山区河道地势起伏大、流速紊乱的情况下,取高值;长江等大江大河(除河口地区)的河流流速借鉴参考山区河流,河口地区借鉴参考平原河流;河网地区、运河和库区的河流流速借鉴参考平原河流。

(9)设备富裕度 X_{31},参考《水运工程施工安全防护技术规范》(JTS 205—1—2008)、《公路水运工程施工安全标准化指南》,当被吊物的重量达到起重设备额定起重能力的90%及以上时,应进行试吊。吊装风险与吊装设备的富裕度相关,富裕度越大风险越小,评估时根据设备起重重量的富余度和性能状态,由评估小组综合评估,设备性能好、使用年限短、日常维护好,则风险小。

(10)吊装方式 X_{32},参考《水运工程施工安全防护技术规范》(JTS 205—1—2008),当两台起重设备起吊同一重物时,必须制定专项起吊方案;起吊前必须根据重心位置合理布置吊点;吊运过程中,必须统一指挥,两台起重设备的动作必须协调。一般情况下双机吊运较单机吊运风险大。

(11)作业场地秩序 X_{41},参考《水运工程施工安全防护技术规范》(JTS 205—

1—2008),吊运及安装作业时的风险与作业场地秩序的好坏相关,秩序越好风险越小,评估时根据施工现场平面布置及现场察看由评估组综合确定。

(12)施工水域通航环境 X_{42},水上吊运及安装会对通航造成影响,同时通航船舶船行波会影响施工船舶作业时的稳定性;进行吊运作业时施工人员、船机应当尽量远离吊运地点,狭小的施工场地以及通航的船舶都会增大施工的风险,尤其在内河进行水上吊运及安装作业时需要考虑这方面的问题。评估时应根据通航密度情况、通航船舶船行波对施工船舶以及施工对通航船舶的影响等情况进行综合判断。

E.10 水上/临水现场浇筑

【解析】 表中各指标来源和取值说明如下。

(1)单次混凝土浇筑方量 X_{11},单次混凝土浇筑方量涉及支架和模板承受荷载的大小,以及浇筑的时间,减少混凝土单次浇筑体积有利于减小支架及模板承受的荷载,提高安全稳定性。

(2)浇筑类型 X_{12},参考《码头结构施工规范》(JTS 215—2018),根据现浇结构的类型进行划分,体积越大、支撑结构越弱、趁潮浇筑时水位越低,则风险越大,评估时结合实际情况和施工方案进行综合判断。大体积混凝土单次浇筑方量大,对施工设备、施工水平要求高,可以分层分期浇筑。

(3)风力条件 X_{21},水上/临水现场浇筑作业宜在风速小于 6 级的情况下进行,评估时根据大于 6 级风的年平均日数进行划分。

(4)波高 X_{22},参考《码头结构施工规范》(JTS 215—2018),波高的大小对模板、支撑结构受力及浇筑作业本身产生影响,因此波高越大,影响也越大,风险也越大,该指标适用于沿海和受潮汐影响的河口地区。

(5)台风或突风 X_{23},参考《码头结构施工规范》(JTS 215—2018),台风或突风的大小以及引发的风浪对模板、支撑结构受力及浇筑作业本身产生影响,在台风季节或浇筑时遇到突风,会给作业带来风险,评估时根据年平均次数划分,施工不在台风或突风季节可以降低取值。台风或突风期间应及时做好加固措施。

(6)浇筑输送方式 X_{31},参考《码头结构施工规范》(JTS 215—2018),混凝土浇筑输送方式主要分有搅拌船输送、水上吊罐输送、陆上吊罐输送、输送泵输送和溜槽输送,其中搅拌船输送、水上吊罐输送涉及水上船机作业,风险较陆上作业高。评估时应考虑吊灌、泵送、溜槽和溜槽输送等方式的风险不同,泵送混凝土时应注意对泵送管道的维护;采用陆上吊罐输送时,陆地吊罐浇筑取低值,在施工平台或便桥上吊罐浇筑取高值;短距离泵送取低值,长距离泵送取高值。

(7)设备性能 X_{32},同本篇附录 E 中 E.4 中的设备性能 X_{45}。

(8)是否趁潮施工 X_{33},参考《码头结构施工规范》(JTS 215—2018),现浇下横梁、桩帽等应采取出水施工浇筑工艺,趁潮水施工存在发生质量和安全事故的风险,评估时应根据趁潮水施工的次数和持续时间确定,本指标适用于沿海地区和受潮汐影响的河口地区。

(9)底模承重方式 X_{34},参考《码头结构施工规范》(JTS 215—2018),底模承重方式直接关系到支撑系统承载力和模板的结构受力,对于高桩码头水上现浇构件而言,主要有夹桩木或钢抱箍、吊筋悬挂、钢牛腿或钢结构支架等承重方式,混凝土方桩或管桩采用夹桩木或钢抱箍夹桩后作底模承重方式;斜桩及有扭角的桩常采用桩顶反吊吊筋悬挂型钢作底模承重方式;直钢管桩采用钢牛腿作底模承重方式,其他方式借鉴参考取值。其中,夹桩木或钢抱箍较吊筋悬挂、钢牛腿或钢结构支架风险大。

(10)作业场地秩序 X_{41},同本篇附录 E 中 E.9 的作业场地秩序 X_{41}。

(11)施工场地条件 X_{42},主要看附近是否有船舶作业、通行或有养殖区,通航船舶的船行波也会对施工船舶和模板等造成影响,同时施工也会对船舶作业、通航和养殖区造成影响。

E.11 地下连续墙成槽施工

【解析】 表中各指标来源和取值说明如下。

(1)墙的形状 X_{11},参考《码头结构施工规范》(JTS 215—2018),地连墙成槽施工难易程度与墙的形状有关,异形的较矩形结构难度大,风险高。

(2)墙深 X_{12},参考《码头结构施工规范》(JTS 215—2018),地连墙墙深越大,施工难度越大,风险也越大。

(3)墙厚 X_{13},参考《码头结构施工规范》(JTS 215—2018),当采用现浇地下连续墙作为前墙结构时,厚度宜为 600~1300mm,厚度越大,施工难度越大,风险也越大。

(4)成墙区域地质条件 X_{21},参考《码头结构施工规范》(JTS 215—2018),成墙区域地质条件包括承载力、覆盖层和硬夹层软弱层的厚度、持力层情况、是否存在孤石等,这些都与成槽难易程度、设备的稳固、成槽过程是否容易坍塌及成槽质量等相关,指标分为差、一般、较好和好四个等级,地质条件越好,则风险越小。

(5)岸坡地质条件 X_{22},地下连续墙成槽施工过程中的振动及开挖等会对岸坡的稳定产生一定的影响,指标分为差、一般、较好和好四个等级,岸坡地质条件越好,则岸坡越稳定,风险也就越小。

(6)风力条件 X_{31},成槽设备宜在风速小于 6 级的情况下进行成槽作业,评估时根据大于6级风的年平均日数进行划分。

(7)台风或突风 X_{32}，成槽设备宜在风速小于6级的情况下进行成槽作业，在台风季节或成槽时遇到突风，会给成槽作业和设备带来风险，评估时根据年平均次数进行划分，施工不在台风或突风季节可以降低取值，台风或突风期间施工应及时做好加固措施。

(8)波高 X_{33}，参考《码头结构施工规范》(JTS 215—2018)，邻近水边的地下连续墙施工，应采用防止波浪和潮水越顶对地下连续墙成槽作业造成损坏的措施；因此波高越大风险也越大，该指标适用于沿海和受潮汐影响的河口地区。

(9)地基加固 X_{41}，参考《码头结构施工规范》(JTS 215—2018)，地下连续墙在成槽前应根据地质条件确定是否进行地基加固，以达到满足承载力的要求，评估时依据软弱地基是否进行了地基加固以及加固方案进行判断。

(10)施工导墙 X_{42}，参考《码头结构施工规范》(JTS 215—2018)，地下连续墙施工导墙以是否整体受力判断，现浇结构较钢制或预制装配式结构整体受力好。

(11)成槽工艺 X_{43}，参考《码头结构施工规范》(JTS 215—2018)，地下连续墙成槽应根据地质条件、墙体尺寸和施工环境选择成槽机械，采用液压抓斗或钻孔机械施工风险较冲孔机械小。

(12)设备性能 X_{44}，同本篇 E.4 中的设备性能 X_{45}。

(13)监测 X_{45}，地下连续墙成槽施工会对岸坡稳定造成影响，成槽过程中，特别在基础条件不好的岸坡容易失稳，出现滑坡、坍塌或推移的情况，因此在施工期有没有开展监测工作，提前预警，对施工风险的控制至关重要。评估时根据施工期是否进行位移、沉降等变形监测等进行判断。

(14)有无交叉施工 X_{51}，同本篇附录 E 中 E.4 的交叉施工 X_{32}。

(15)外侧水域掩护条件 X_{52}，参考《码头结构施工规范》(JTS 215—2018)，邻近水边的地下连续墙成槽施工，应采用防止波浪和潮水越顶对地下连续墙成槽造成损坏的措施；外侧水域掩护条件的好坏直接影响施工现场的风、浪、流等条件，外侧水域掩护条件越差，风、浪、流也越大，必要时需构筑临时围堤。

(16)地下连续墙离围堰护岸的距离 X_{53}，地下连续墙成槽施工会影响围堰、护岸的稳定，评估时依据地下连续墙距离围堰、护岸的垂直距离确定。

E.12 地下连续墙钢筋笼起重吊装

【解析】 表中各指标来源和取值说明如下。

(1)钢筋笼的形状 X_{11}，地下连续墙钢筋笼起重吊装的风险程度与钢筋笼的形状密切相关,矩形钢筋笼的吊装难度小于异形钢筋笼,评估时按钢筋笼的结构形式确定。

(2)重量 X_{12},参考《水运工程施工安全防护技术规范》(JTS 205—1—2008)及汽车起重机的起重能力进行分级,地下连续墙钢筋笼外形尺寸大、重量重,吊装时,重量越大取值越大。

(3)吊装高度 X_{13},参考地下连续墙的深度进行分级,地下连续墙钢筋笼外形尺寸大、重量重,且在空中作业,吊装高度越高,风险越大,特别在空中转角的情况下风险程度加剧。

(4)吊装跨度 X_{14},参考起重车吊装作业时的跨度进行分级,地下连续墙钢筋笼吊装时,跨度越大,风险越大。

(5)吊装区域地基条件 X_{21},地下连续墙钢筋笼自重大,加上吊车本身的重量,对吊装区域地基承载力要求高,指标分为差、一般、较好和好四个等级,场地地基承载力越差,其吊装的危险程度越大。

(6)风力条件 X_{31},同本篇附录 E 中 E.9 的风力条件 X_{21}。

(7)台风或突风 X_{32},同本篇附录 E 中 E.9 的台风或突风 X_{23}。

(8)设备富裕度 X_{41},同本篇 E.9 中的设备富裕度 X_{31}。

(9)钢筋笼吊装方式 X_{42},参考《水运工程施工安全防护技术规范》(JTS 205—1—2008),地下连续墙钢筋笼吊装时,考虑到地下连续墙钢筋笼的宽度较大,当采用双机起吊,且每台起重机最大起重重量均大于钢筋笼重量时,按照操作规程进行吊装,风险较小,否则风险较大,应在 50~100 取值。

(10)有无交叉施工 X_{51},同本篇附录 E 中 E.6 的交叉施工 X_{32}。

(11)作业场地秩序 X_{52},同本篇附录 E 中 E.9 的作业场地秩序 X_{41}。

E.13 围堰施工

【解析】 表中各指标来源和取值说明如下。

(1)挡水高度 X_{11},同本篇附录 A 表 A.2 中的围堰挡水高度 X_{22}。

(2)围堰结构 X_{12},目前围堰结构主要有土石围堰、混凝土板桩、钢板桩、钢管桩围堰、地下连续墙围堰、钢圆筒围堰、混凝土围堰,本指标的等级划分主要从结构安全方面考虑。

(3)土石围堰防渗结构 X_{13},参考《水利水电工程围堰设计规范》(SL 645—2013),土石围堰防渗结构主要有黏土斜墙或心墙式、灌浆帷幕、高压喷射灌浆、钢板桩、板桩灌注墙、混凝土防渗墙,本指标的等级划分主要从防渗效果方面考虑。

(4)围堰使用期 X_{14}，汛期对围堰的结构安全影响较大，跨越汛期的次数越多，风险就越大，评估时根据工期跨越汛期的次数安排确定。

(5)围堰地质条件 X_{21}，参考《水利水电工程围堰设计规范》(SL 645—2013)，围堰坐落的地基主要有软基(淤泥或淤泥质土)、土基(残积土或砂卵石等)和岩基(强风化以上)上，本指标的等级划分主要从地基承载力方面考虑，评估时应依据地质勘察报告确定。

(6)岸坡地质条件 X_{22}，岸坡的地质条件影响围堰内施工区域的安全，堰体与岸坡衔接方式影响围堰的挡水效果，故可根据岸坡的勘探报告，以及堰体与岸坡衔接方式等综合判定，共分为好、较好、一般和差四个等级。

(7)河流流速 X_{31}，参考《水利水电工程围堰设计规范》(SL 645—2013)、《河港工程总体设计规范》(JTS 166—2020)，本指标根据码头施工围堰所处河流的主要区域再划分为山区河流与平原河流，山区河流的流速较大，平原河流的流速较小，同时在山区与平原河流中施工所使用的船型适应性能也不一致。根据前期《复杂条件下港口工程施工安全风险评估制度及试点研究》课题研究成果，山区河流流速大于 3m/s、平原河流流速大于 2m/s 时，施工船舶作业和堰体施工(包括抛石、坡面与坡脚防冲保护等)风险较高，山区河流流速小于 1m/s、平原河流流速小于 0.5m/s 时，风险较低。评估时根据流速最大值进行划分。对于长江等大江大河，分级指标可适当加大；在山区河道地势起伏大、流速紊乱的情况下，取高值。同时，鉴于内河所处区域的复杂性，长江等大江大河(除河口地区)的河流流速借鉴参考山区河流，河口地区的河流流速借鉴参考平原河流，河网地区和运河的河流流速借鉴参考平原河流，库区的流速借鉴参考平原河流。

(8)年度水位差 X_{32}，参考《水利水电工程围堰设计规范》(SL 645—2013)、《河港工程总体设计规范》(JTS 166—2020)，本指标根据码头施工围堰所处河流的主要区域再划分为山区河流与平原河流，山区河流的年度水位差较大，平原河流的年度水位差较小，不同的水位差对围堰的挡水高度和安全稳定影响较大。根据前期《复杂条件下港口工程施工安全风险评估制度及试点研究》课题研究成果，山区河流与平原河流的水位差差别较大，山区河流水位差大于 20m、平原河流水位差大于 6m 时，围堰施工的风险较高，山区河流水位差小于 6m、平原河流水位差小于 2m 时，围堰施工的风险较小。评估时根据多年最近站点或推算的平均年度水位差进行划分。同时，鉴于内河所处区域的多样性，长江等大江大河(除河口地区)的水位差借鉴参考山区河流，河口地区的水位差借鉴参考平原河流，河网地区和运河的水位差借鉴参考平原河流，库区的水位差借鉴参考山区河流。

(9)风力条件 X_{33}，同本篇附录 A 表 A.1 中的风力条件 X_{42}。

(10) 冰冻、冰凌 X_{34}，同本篇附录 A 表 A.1 中的冰冻、冰凌 X_{47}。

(11) 河床冲刷变化 X_{36}，河床冲刷情况对围堰的结构安全和稳定影响较大，特别是对基础和坡脚，冲刷越厉害安全风险越大，评估时应结合水文条件、工程本身特点或周边工程的情况作出判断。

(12) 施工方法 X_{41}，围堰的施工方法按作业方式分为采用船机设备水上施工和采用陆上设备陆上施工，水上施工涉及船机作业，致险因素较多，风险较大，评估时根据施工组织设计确定。

(13) 监测 X_{42}，围堰在施工过程中，由于地质(特别是基础条件不好的地基)，或防渗施工效果不好等原因，堰体都存在失稳风险，出现滑移、坍塌情况，因此在施工期是否开展监测工作以及监测指标的齐全程度，是否进行提前预警，对施工风险的控制至关重要。评估时应根据施工期是否发生位移、沉降、变形、渗流监测等作出判断，可借鉴参考《水利水电工程围堰设计规范》(SL 645—2013)第 8 章的内容执行情况。

(14) 施工场地周边妨碍 X_{51}，围堰施工场地周边存在有易燃易爆、有毒有害的管线、储罐生产泊位、养殖区、易受影响建(构)筑物等设施以及离靠泊作业，若施工稍有不慎就会对其造成破坏或引发人员伤亡、环境灾难或经济损失，施工中应采取措施，对其严格控制。评估时应根据周边妨碍物的类别确定。

(15) 施工水域通航环境 X_{52}，围堰施工及施工导致的水文条件变化都会对通航船舶造成影响，同时通航船舶的船行波也会对施工船舶造成影响，这些都与施工水域的宽窄以及通航密度相关，评估时应根据通航密度情况、通航船舶船行波对施工以及施工对通航的影响等情况进行综合判断。

E.14 基坑开挖施工

【解析】 表中各指标来源和取值说明如下。

(1) 基坑深度 X_{11}，参考《危险性较大的分部分项工程安全管理办法》，深度大于或等于 3m 的基坑属危险性较大的分部分项工程，须编制专项方案；深度大于或等于 5m 的基坑深度属超过一定规模危险性较大的分部分项工程，须专家论证。评估时应根据基坑深度确定。

(2) 有支护基坑支护方式 X_{12}，参考《建筑基坑支护技术规程》(JGJ 120—2012)划分，主要从结构受力角度考虑，评估时应根据不同的支护方式确定，同一基坑的不同部位采取两种以上的方式时，按风险大的取值。

(3) 无支护基坑放坡坡度 X_{13}，参考《建筑深基坑工程施工安全技术规范》(JGJ

311—2013),对于无支护基坑放坡开挖,开挖坡度较稳定,坡角越缓越安全,评估时应根据岩土指标、开挖坡角与稳定坡角对比值进行评判。

(4)土质变化 X_{21},土质变差,与原设计差距越大,导致基坑破坏的可能性就越大;根据开挖前钻探或过程中揭露坡体中的土层分布、土质与设计文件进行对比;若出现较大偏差且趋于劣化,则应进行过程风险评估。

(5)地下水变化 X_{22},参考《建筑深基坑工程施工安全技术规范》(JGJ 311—2013),地下水位的不同及水量情况,对基坑的安全稳定影响较大时,应采取有效的降、排水措施,确保地下水在每层土方开挖面以下 50cm,严禁有水挖土作业;评估时根据地下水类型、含水层的分布、含水率的大小确定。

(6)施工季节 X_{31},参考《建筑深基坑工程施工安全技术规范》(JGJ 311—2013),雨季施工会引起地下水位抬高和地表水流量加大,还会造成坡面土体冲刷,对基坑的安全稳定影响较大,故评估时应根据边坡所在区域的降雨等级进行确定。

(7)气候条件 X_{31},参考《建筑深基坑工程施工安全技术规范》(JGJ 311—2013),不良的气候条件,如洪水、强风、强暴雨雪、台风等,都易引发基坑施工发生质量安全事故,特别是自然灾害发育季节,故评估时应考虑所在区域的气候条件。

(8)开挖工艺 X_{41},参考《建筑深基坑工程施工安全技术规范》(JGJ 311—2013),不同的开挖工艺对应着不同的施工风险,基坑土方开挖遵循"开槽支撑、先撑后挖、分层开挖、严禁超挖"的原则,挖土方应从上而下逐层挖掘,严禁采用掏挖的操作方法。

(9)开挖方法 X_{42},参考《建筑深基坑工程施工安全技术规范》(JGJ 311—2013),在有支护和无支护的情况下,分别采用不同的开挖方法,对应的施工风险也不同。爆破震动对基坑扰动大,不利于边坡稳定,风险大。石方开挖宜采用控制爆破;当周边环境要求高时可采用机械破碎开挖。当开挖边坡高陡时取大值。

(10)降水或截排水措施 X_{43},参考《建筑深基坑工程施工安全技术规范》(JGJ 311—2013),当地下水位高,或地水水量、渗水量较大,或地表水量较大,对基坑的安全稳定影响较大时,应采取有效的降、排水措施,确保地下水在每层土方开挖面以下 50cm,严禁有水挖土作业;评估时应根据所采取的措施确定数值,只采用一种降水或截排水措施的取大值,同时采用两种及以上治理措施的取小值。

(11)监测 X_{44},参考《建筑基坑支护技术规程》(JGJ 120—2012)第 8.2.1 条和第 8.2.2 条,以及《建筑基坑工程监测技术规范》(GB 50497—2019),基坑监测项目应按照基坑支护结构安全等级(分为一级、二级和三级)确定,评估时进行对比。

(12)周边环境 X_{51},参考《建筑基坑支护技术规程》(JGJ 120—2012)、《建筑基坑工程监测技术规范》(GB 50497—2019)和专家意见,内河码头或护岸采用围堰干地和基坑开挖施工时,在基坑周边 $4h$(h 为基坑深度)范围内有洪水位高于基坑底的水库、河流等稳定或动态的水体、湿地,存在渗流、溢流或垮塌的风险;在基坑周边 $3h$ 范围内有建筑物、管道、线缆等设施,存在施工对上述设施造成破坏的风险;评估时,基坑外水位越高的、建筑物重要性越大的、管线越复杂的取值越大,反之则取小值。

附录 F 安全管理评估指标体系

【解析】 本附录列出了安全管理评估指标体系,根据前期《复杂条件下港口工程施工安全风险评估制度及试点研究》课题研究成果以及征集专家意见,港口工程施工安全风险与施工企业的安全管理总体水平、人财物的配置、项目部管理及施工作业班组经验密切相关,经遴选,评估指标包括总包企业资质、专业分包、劳务分包、作业班组经验、项目技术管理人员经验、项目安全管理人员配备、安全生产费用、船机设备配置及管理、施工组织设计或专项施工方案、企业工程业绩、企业信用评价等级等 11 项。

(1)总包企业资质 A,按照资质级别进行评估,资质越高的施工企业安全管理相对完善,安全风险相对较小。

(2)专业分包 B,施工风险的控制与分包管理及专业分包的专业化水平相关,主要按施工企业是否存在专业分包的情况进行评估。

(3)劳务分包 C,施工风险的控制与分包管理及劳务队伍的素质相关,主要按施工企业是否存在劳务分包的情况进行评估。

(4)作业班组经验 D,施工风险的控制与作业班组的经验相关,共分为无经验、有一定经验和经验丰富三个级别,从特种作业人员、一线施工人员的工程经验考虑。有 3 个及以上项目的作业经验为经验丰富,1~2 个项目为有一定经验。核心人员不固定的作业班组视为无经验。评估专家宜深入班组了解情况。

(5)项目技术管理人员经验 E,施工风险的控制与项目技术管理人员的经验相关,共分为无经验、有一定经验和经验丰富三个级别,项目管理人员和专业技术人员具有 3 次及以上的相应工程建设经验为丰富,1~2 次的为有一定经验,没有项目管理经历的为无经验。人员变更超过 1/3 的,取高值。

(6)项目安全管理人员配备 F,施工风险的控制与项目安全管理人员配备情况相关,主要根据是否满足要求进行评估。评估时从"企业负责人(A 类)、项目负责人(B 类)、专职安全员(C 类)"的持证、在岗情况考虑,人员数量、持证情况均合格则为满足要求,否则为不满足要求。

(7)安全生产费用G,安全生产费用投入是施工风险控制的基础之一,评估时以安全生产费用投入满足、使用合规的为符合规定,投入满足、使用存在不规范现象的为基本符合规定,投入不满足的为不符合规定。

(8)船机设备配置及管理H,船机设备配置及管理是施工风险控制的保障之一,性能先进状况良好、管理完善的船机设备可以有效降低施工风险,评估时以按合同要求配置船机设备,建立完善的管理体系、制度,管理及维护工作得到有效落实的为符合规定。船机及主要设备变更大且达不到合同履约条件的,取大值。

(9)施工组织设计或专项施工方案I,完善的、针对性强的施工组织设计或专项施工方案是施工风险控制的前提,共分为未履行审批程序或针对性和可操作性较差、针对性和可操作性一般、针对性和可操作性强三个级别,其中专项施工方案包括危险性较大分部分项工程的专项施工方案和施工临时用电专项方案等;可操作性强指与现场实际情况符合,能够按方案执行,并取得预期效果。

(10)企业工程业绩J,施工风险的控制与施工企业业绩中有没有类似工程的经验及经验的多少相关,共分为无业绩、同类工程1~2次、同类工程3次及以上三个级别,企业有类似工程施工经验的安全风险小。企业近三年内有较大以上责任事故或3起以上一般事故的,取高值。

(11)企业信用评价等级K,企业信用评价等级是企业综合评价的体现,包括质量、安全、进度等方面,一定程度上也体现风险控制的综合水平,共分为B级及以下、A级、AA级三个级别,评估时根据上一年度施工企业信用评价等级判定。

第4篇 《公路水运工程施工安全风险评估指南 第6部分:航道工程》(JT/T 1375.6—2022)解析

1 范围

【解析】 本《指南》第 6 部分航道工程主要规定了航道工程施工安全风险评估的基本要求以及总体风险评估、专项风险评估、风险控制措施、风险评估报告的要求,其中基本要求、风险控制措施和风险评估报告直接按照《公路水运工程施工安全风险评估指南 第 1 部分:总体要求》执行。

本《指南》在航道工程方面主要适用于新改扩建的航道疏浚与吹填工程、清礁工程、整治建筑物工程和助航设施工程,其他类型的航道工程可参照本《指南》建立相应的评估指标体系进行安全风险评估。

2 规范性引用文件

3 术语和定义

3.1

【解析】 M-PEC 评价法是根据航道工程施工安全特点提出来的,综合考虑项目管理、外界环境、施工人员和施工设备等主要致险因素,建立体现航道工程施工安全风险特征的评估指标体系,通过 M-PEC 评估模型计算评估各风险事件发生的可能性和后果,以对施工安全风险作出系统性评估和预测。

4 基本要求

5 总体风险评估

5.1 一般要求

【解析】 本《指南》在前期广泛调研不同类型航道工程项目和征求行业意见的基础上,从工程建设规模、建设地点、涉水生态环境、气象环境、周边环境、五新采用情况等方面,明确了宜开展总体风险评估的航道工程范围。其中,符合a)～h)要求的航道工程宜在施工招投标前完成总体风险评估;其他有必要开展总体风险评估的航道工程是指在对工程安全风险总体认知的基础上,综合考虑施工工艺、施工环境及安全管理等因素,认为开展总体风险评估有助于提高工程安全风险管控能力的航道工程。

5.2 专家调查法

5.2.1
【解析】 采用专家调查法时,专家类似工作经验对评估结果的影响极大,考虑到专家所从事的专业各有所长,为降低对不熟悉的内容评估的不合理性,本《指南》引入专家信心指数对评估结果进行调整。

5.2.2
【解析】 采用专家调查法时各项别指标和取值方法说明如下:

(1)工程规模。主要考虑工程量和单位时间内施工强度,工程量可根据施工图设计进行获取,施工强度主要指工程量与施工时间的比值,比如单月疏浚总量相对较高,那么施工强度就大。

(2)工程复杂程度。综合考虑工程结构与施工工艺等方面,如工程是否受疫情影响等,如长江上游疏浚与吹填工程"施工技术复杂性"包含船舶施工定位、运渣的难度及钻孔深度等。

(3) 施工环境。综合考虑施工水域的宽度、有效航宽及水深现状条件,施工周边是否邻近桥梁、码头、渡口等建筑物,水下是否存在障碍物。

(4) 地质条件。主要考虑施工区域地质和水域地质,可从施工图设计中获取。

(5) 气象水文。主要考虑施工区域气象和水文条件可能对工程产生的影响,可根据施工区域历年来的气象水文数据进行评估。

(6) 生态环境。主要考虑施工对周边生态环境带来的不利影响,以及为降低其不利影响进行的施工组织调整、施工工艺改变等,因此对施工安全管理造成的影响。

(7) 资料完整性。通过核查工程地质、水文、气象资料,及设计文件的完整性,来评估基础数据资料对工程安全风险辨识分析管控造成的影响。

(8) 专家取值打分示例:以疏浚吹填工程的"工程规模 R_1"为例,需要综合考量具体工程的疏浚总量、吹填纳泥总量、单位时间内施工强度和弃泥运距,给出风险等级评估分值 R_1(具体分值为整数,由高至低分别为 4 分、3 分、2 分、1 分)。

表 2 专家信心指数

【解析】 本《指南》提出的信心指数就是专家在做出相应判断时的信心程度,也可以理解为该数据的客观可靠程度。意味着将由专家自己进行数据的可靠性或客观性评价,这就会大大提高数据的可用性,也可以扩大数据采集对象的范围。通过这种方法,可以挖掘出专家调研数据的深层信息。即使数据采集对象并非该领域的专家,只要他对所做出的判断能够有一个正确的评价,那么这个数据就应该视为有效信息。

专家在给出信心指数时,一方面要考虑对影响总体风险的工程规模、工程复杂程度、施工环境、地质条件、气象水文、生态环境、资料完整性 7 个项别的专业知识的熟悉程度,另一方面要考虑对航道工程项目相应内容资料的掌握程度,在此基础上综合给出信心指数。

5.3 指标体系法

5.3.1

【解析】 指标体系法主要考虑航道工程建设期间可能发生的各类安全事故所对应的风险,在与风险相关的参数中提取出有代表性的内容作为评估指标,建立评估指标体系。

5.3.2

【解析】 本《指南》根据工程实际,并经过行业意见征求和专家意见征求等过程,提出了疏浚与吹填工程、清礁工程、整治建筑物工程和助航设施工程总体风险评估的指标体系。其他类型的航道工程可借鉴参考建立相应的总体风险评估指标体系。

5.3.3

【解析】 本《指南》提出采用权重系数法区分各项评估指标的重要性,并分别给出了重要性排序法和层次分析法的计算过程。在附录 B 层析分析法的解析中会给出具体示例。

5.3.4

【解析】 对具体航道工程进行总体风险评估时,评估小组通过认真研究现场资料、现场勘探等方式,综合考虑工程建设期间各种风险因素的影响程度,提取有代表性的内容作为风险评估指标,建立风险评估指标体系,确定各项指标的权重。

5.3.5

【解析】 本《指南》规定总体风险评估分值是将各评估指标的分值进行加权求和。评估指标的基本分值是结合工程实际进行取值,评估指标的权重是由层次分析法或重要性排序法确定。

5.3.6

【解析】 重要性指标应包括权重大、对施工安全风险影响不能忽略的指标,指标取值变化后对评估结果影响大的敏感指标,应经由评估小组集体讨论确定并标识出重要性指标。若出现 2 个及以上取最大值的重要性指标,则总体风险等级应调高一级。如附录 A 表 A.1 疏浚与吹填工程总体风险评估指标中"施工技术及工艺复杂程度(X_{22})"和"邻近建筑物、水下碍航物情况(X_{56})"2 个指标经评估小组认定为重要性指标,且取值均接近或达到 100,则评估结论中总体风险等级应调高一级。

6 专项风险评估

6.1 一般要求

6.1.1

【解析】 本《指南》结合总体风险评估范围规定了航道工程施工安全专项风险评估的范围,并重点对重大作业活动风险估测的指标、评估方法进行了规定。

6.2 风险辨识与风险分析

6.2.4

【解析】 风险辨识与风险分析是风险评估的基础,首先应组织成立评估小组,对航道工程进行风险辨识与分析工作。风险辨识与分析包括5个步骤:工程资料的收集整理、施工现场地质水文条件和环境条件的调查(或补充勘察)、施工队伍素质和管理制度调查、施工作业程序分解和风险事件辨识、致险因素及风险事件后果类型分析。其中致险因素应从人的因素、物的因素、管理因素和外部环境因素4个方面进行分析。具体示例见表4-6-1。

风险辨识与风险分析示例表　　　　　　　　表4-6-1

作业活动	风险事件类型	致险因素				风险事件后果
		人的因素	物的因素	管理因素	外部环境因素	
船舶调遣	船舶碰撞、船舶搁浅、船舶触礁、船舶触损、船舶污染、船舶倾覆	1.船舶配员不符合规定; 2.船员值班不符合规定; 3.值班船员操作失误; 4.值班船员违章冒险航行	1.船舶证书不齐全,非自航船拖带未经过检验; 2.船体老旧、设备状况差; 3.船舶封舱不严、活动部件未固定; 4.通信导航设备故障或不完善; 5.非自航船拖带装置有缺陷或故障; 6.航海图书资料不全	1.未制订有效的航次计划,航线设计不合理,值班船员不遵守航次计划; 2.未开展风险评估,未召开航次作业会议; 3.未开展开航前安全检查; 4.拖轮选择不当	1.能见度不良; 2.突遇大风、大浪(波高超过船舶适应能力); 3.航线上船舶流量密集,或者突遇大量的渔船、渔网; 4.夜间航行的影响; 5.陌生航区、港口的影响	1.受伤人员类型:船舶驾驶人员; 2.人员伤亡:船舶碰撞、倾覆等事故可能造成在船人员伤亡或失踪; 3.直接经济损失:主要根据船舶可能受损情况进行估计; 4.环境损害:船舶污染事故可能对水体造成油污染

6.2.5

6.2.5.1

【解析】 根据评估小组对航道工程进行全面风险辨识与分析得出的结论,本

《指南》将工程施工作业活动按照复杂程度划分为一般作业活动和重大作业活动。

6.2.5.2

【解析】 《指南》给出了重大作业活动筛选要素表,以及常见重大作业活动清单。评估小组在进行重大作业活动判别时可直接对照重大作业活动清单进行判定,如果不属于常见重大作业活动的,可按照重大作业活动筛选要素表进行筛选判定。

6.3 风险估测

6.3.1

【解析】 风险估测方法应综合考虑管理、风险事件发生的可能性、环境及风险事件后果等影响因素确定。针对重大作业活动,本《指南》推荐 M-PEC 评价方法。

6.3.3

6.3.3.1

【解析】 重大作业活动在一个工程中常多处存在,为了找出安全管理的重点,应进行定量风险估测。本《指南》制定了航道工程常见重大作业活动的评估指标体系,进行定量风险估测,确定风险等级。

6.3.3.2

【解析】 M-PEC 评价方法综合考虑安全管理(M)、风险事件发生的可能性(P)、环境(E)和风险事件的后果(C),下面对计算模型和各指标进行说明。

(1)计算公式中的"×"代表乘积,四大指标经计算后的数值再相乘后得到风险评估分值。

(2)安全管理(M)是针对施工项目部综合安全管理水平的评估,评估分值越高,说明施工项目部综合安全管理水平越低,其对风险的管控能力相对较差,本《指南》附录 F.1 表建立了管理(M)的评估指标体系。

(3)风险事件发生的可能性(P)考虑了风险事件发生时,人(P_1)、设备(P_2)以及工艺(P_3)三方面因素影响,这三方面因素的影响是相对独立的,那么风险事件发生的可能性则由发生概率最高的影响因素决定,所以 P 的计算模型采用取大值的运算符"max",本《指南》附录 F 中表 F.3～表 F.10 建立了常见重大作业活动风险事件的可能性(P)评估指标体系。

(4)环境(E)影响因素,本《指南》重点从自然环境(E_1)和作业环境(E_2)两方面研究环境对施工安全的影响。自然环境(E_1)主要考虑流速、流向、波高、能见度条件、潮差或水位差、风力条件、台风或突风、寒潮和施工涉及生态敏感区等因素的影响;作业环境(E_2)主要考虑施工所在航区航段、施工水域通航情况、邻近建筑物与水下碍航物情况、施工水域船舶富余水深、交叉作业等因素。具体评估指标体系见本《指南》附录 F 中表 F.3~表 F.10。

(5)风险事件的后果(C)主要从人员伤亡(C_1)、直接经济损失(C_2)、环境损害(C_3)和社会影响(C_4)四个方面进行评估指标研究,这四方面因素是相对独立的,最终的风险后果由最严重的因素决定,所以计算模型采用取大值的运算符"max"。具体评估指标体系见本《指南》附录 F 中表 F.2。

6.3.3.3

【解析】 本《指南》规定安全管理评估分值是各项安全管理因素指标评估分值的和,具体评估过程中按照本《指南》附录 F.1 表进行取值,计算出 M 值后,对照表 6 得到对应的安全管理评估分值调整系数。

6.3.3.4

【解析】 本《指南》参照《公路水路行业安全生产风险辨识评估管控基本规范》,将专项风险评估的风险等级分为四级,重大风险Ⅳ、较大风险Ⅲ、一般风险Ⅱ、低风险Ⅰ。经采用 M-PEC 评价方法计算出风险值 R 后,判断 R 值所处取值区间,以确定作业活动的风险等级。

6.3.3.5

【解析】 本《指南》按照 M-PEC 评价模型建立了各指标评估指标体系(具体见本《指南》附录 F),其中,管理(M)评估指标和风险事件后果(C)评估指标为通用评估指标,适用于各作业活动的评估;风险事件发生的可能性(P)和环境(E)两个评估指标因作业活动的工艺和环境而有所区别。本《指南》给出了航行挖泥、抛石作业、铺排护底、水下基床整平、预制构件水上吊运安装、岸坡开挖、爆破作业和扫床作业等常见航道工程重大作业活动的 M-PEC 评价方法评估指标体系,其他重大作业活动可参照建立相应的评估指标体系。

6.4 风险控制预期效果评价

【解析】 按照《公路水运工程施工安全风险评估指南 第 1 部分:总体要求》(JT/T 1375.1—2022)"6.4 风险控制预期效果评价"执行。

7 风险控制措施

【解析】 按照《公路水运工程施工安全风险评估指南 第 1 部分:总体要求》(JT/T 1375.1—2022)"7 风险控制措施"执行。

8 风险评估报告

【解析】 按照《公路水运工程施工安全风险评估指南 第 1 部分:总体要求》(JT/T 1375.1—2022)"8 风险评估报告"执行。

附录 A 航道工程施工安全总体风险评估指标体系

表 A.1 疏浚与吹填工程总体风险评估指标体系

【解析】 疏浚与吹填工程总体风险评估是在《疏浚与吹填工程施工规范》(JTS 207—2012)、《水运工程施工安全防护技术规范》(JTS 205-1—2008)和前期课题研究成果以及征集专家意见的基础上,从工程规模、工程复杂程度、气象水文、地质条件、施工环境、生态环境、资料完整性等七个方面建立评估指标体系。采用指标体系法进行总体风险评估时,指标如何取值说明如下:

(1)对于完全定量的指标,采用插值法计算指标的具体取值。如内河航道疏浚及吹填总工程量为300万 m^3,处在"200万 m^3 ~ 500万 m^3"分级区间,对应分值范围"50 ~ 75",则按照插值法进行计算得到 R_{11} = 58.33(小数点后保留两位)。

(2)对于半定量的指标,则综合考虑实际情况,在取值区间范围内进行估测取值。如船舶施工方式(X_{21})为非自航船舶施工或自航船舶施工中的一种,则按照对应的分值范围进行估测,由评估小组在充分调研讨论的基础上综合考虑该施工方式的风险大小而进行定性估测。假设施工方式为自航船舶施工,但施工水域航道狭窄、船舶流量大,自航船舶施工航行中面向船舶碰撞安全风险高,则可在对应分值范围"0~50"中贴近上限取值,比如取 $R_{21}=45$;如船舶施工方式为非自航船舶施工和自航船舶施工的组合,则按照工程量占比高的施工方式对应的分值范围区间进行估值,方法同上。

(3)疏浚与吹填总量 X_{11},参考《疏浚与吹填工程施工规范》(JTS 207—2012),按疏浚泥沙的体积计量,疏浚总量越大,相应的施工风险也越大,计量时可采用测图计算地形变化量、计算舱载量或泵送量等方法。

(4)计划施工强度 X_{12},参考《疏浚与吹填工程施工规范》(JTS 207—2012),从工程量、投入船机数量、工期、产值等多方面考虑,以单月施工强度来取值,单月施工强度越大,相应的施工风险也越大。

(5)船舶施工方式 X_{21},参考《疏浚与吹填工程施工规范》(JTS 207—2012),分为自航船舶施工和非自航船舶施工,自航挖泥船、自航泥驳、拖轮、工作艇宜在本船证书规定的适航区域内采用自航方式,非自航挖泥船和非自航泥驳等辅助船舶,短途调遣采用拖轮拖带方式,长途调遣采用装船运输方式,对于内河航道和海港航道,非自航施工船舶危险性均大于自航式施工船舶。

(6)施工技术及工艺复杂程度 X_{22},参考《疏浚与吹填工程施工规范》(JTS 207—2012),疏浚和吹填作业根据疏浚土的管理方式、处置区位置、容泥量、吹距、吹填平整度要求、管线敷设、施工船舶作业协调等对施工技术及工艺均有不同的要求。施工工艺按照"复杂"和"复杂程度一般"两个等级划分,施工工艺越复杂,相应的施工风险也越大。

(7)风力条件 X_{31},参考《水运工程施工安全防护技术规范》(JTS 205—1—2008),当风力太大时,航道施工的水上作业都会受到影响,评估时根据大于6级风的年平均日数取值。

(8)突风/台风 X_{32},参考《水运工程施工安全防护技术规范》(JTS 205—1—2008),根据每年突风/台风影响的年平均影响次数取值,影响次数越多,危险越大。

(9)寒潮 X_{33},按照气象部门规定,冷空气入侵造成的降温,一天内达到10℃以上,而且最低气温在5℃以下,则称此冷空气爆发过程为一次寒潮过程。另外,长江中下游及其以北地区,在48h内降温10℃以上,长江中下游最低气温在4℃以下(春季则改为江淮地区最低气温在4℃以下),陆上三大行政区出现5级以上大风,渤海、黄海、东海先后有7级以上大风,作为寒潮警报标准。如果以上地区48h内降温达14℃以上,陆地上有3~4个大行政区有5~7级大风,沿海所有海区出现7

级以上大风,则为强寒潮标准。在对长江和沿海航道工程调研的基础上,通过咨询航道工程施工现场管理方面专家,根据每年寒潮影响的年平均影响次数取值,影响次数越多,危险越大。

(10)能见度条件 X_{34},参考《水运工程施工安全防护技术规范》(JTS 205—1—2008),船舶雾航必须按《国际海上避碰规则》和《中华人民共和国内河避碰规则》的有关规定执行;停航通告发布后,必须停止航行;当遇到雾日时,许多水上作业都会受到影响或停止作业,评估时根据年平均能见度小于1000m雾日取值。

(11)流速 X_{35},参考《疏浚与吹填工程施工规范》(JTS 207—2012),疏浚施工时流速会对施工的质量产生一定影响,同时对船舶水上施工影响较大,控制不好易发生质量和安全事故,流速越大风险越大。

(12)波高 X_{36},参考《水运工程施工安全防护技术规范》(JTS 205—1—2008),当波高太大时,疏浚施工的水上作业都会受到影响,因此波高越大,施工的风险也越大。

(13)潮差或年度水位差 X_{37},参考《水运工程施工安全防护技术规范》(JTS 205—1—2008),本指标根据施工所处的区域划分为沿海和河流,河流的主要区域再划分为山区河流与平原河流,山区河流的年度水位差较大,平原河流的年度水位差较小,不同的水位差对施工船舶安全稳定影响较大。根据前期的课题研究成果,沿海水位差越大施工风险越高,如施工船舶容易搁浅,评估时沿海潮差根据最近站点或推算的平均潮差进行划分;内河水位差根据站点或推算的平均年度水位差进行划分;受潮汐影响的河口地区应将潮差和年度水位差进行比较,取大值。同时鉴于内河所处区域的多样性,长江等大江大河(除河口地区)的水位差借鉴参考山区河流,河口地区借鉴参考平原河流;河网地区和运河的水位差借鉴参考平原河流;库区的水位差借鉴参考山区河流;受潮汐影响的河口地区应将潮差和年度水位差进行比较,取大值。

(14)施工水域底质 X_{41},参考《疏浚与吹填工程施工规范》(JTS 207—2012),施工水域泥沙种类情况对航道疏浚施工具有一定影响。

(15)施工水域船舶富余水深 X_{51},参考《疏浚与吹填工程施工规范》(JTS 207—2012),船舶吃水必须符合当地港航管理部门的要求和相关规定,富余水深越小,船舶搁浅的可能性越大。

(16)施工所在航区航段 X_{52},参考《内河航区分级规范》,内河航道分为J1、J2航段,A、B级航区(不包含J1、J2),C级航区(不包含J1、J2);沿海航道分为远海航区、近海航区、沿海航区、遮蔽航区和港池及内航道,航道施工的风险依次减小。

(17)施工水域通航情况 X_{53},参考《疏浚与吹填工程施工规范》(JTS 207—

2012),通航船与施工船舶存在碰撞风险,施工船舶越靠近航道则碰撞风险越大,通航船的船行波也会影响施工船舶的稳定性,评估时根据施工船舶与航道距离、通航船船行波对施工船舶的影响等情况进行综合判断。

(18)船舶流量 X_{54},船舶交通流对航道工程施工影响明显,施工水域的船舶交通流越大,施工危险程度越大,以施工水域海事主管部门主要断面日交通流量统计为准。

(19)施工水域航道条件 X_{55},参考《内河通航标准》(GB 50139—2014),按照施工水域处于航道弯段或边滩的情况进行取值,综合考虑险滩河段或部分沿海航道对施工的影响。

(20)邻近建筑物、水下碍航物情况 X_{56},参考《水运工程施工安全防护技术规范》(JTS 205—1—2008),航道施工会对水下管线、水工建筑物、养殖区、饮用水源、防洪设施以及通航等造成影响,同时通航船船行波会影响施工船舶作业时的稳定性。评估时应根据周边妨碍物情况、通航密度、通航船船行波对施工船舶以及施工对通航船舶的影响等情况进行综合判断,邻近建筑物情况分为:50m 以内、50 m ~ 100m、100m ~ 200m 和 200m 以上四个等级区间。

(21)施工涉及生态敏感区 X_{61},参考《疏浚与吹填工程施工规范》(JTS 207—2012),疏浚和吹填工程的施工应建立有效的现场组织管理机构,制定明确的工程质量、进度、安全、成本、环境保护目标和采用有效的管理与技术手段,工程施工应避免对取水口、水域水源保护区、自然保护区和重要生态湿地等保护区造成破坏或其他负面影响,主要考虑施工水域是否涉及生态敏感区,根据《环境影响评价技术导则 生态影响》(HJ 19—2022)划分为三个等级区间,由高到低分别为:施工区域位于或邻近特殊生态敏感区、施工区域位于或邻近重要生态敏感区、施工区域不涉及特殊生态敏感区和重要生态敏感区。

(22)地质水文气象资料 X_{71},地质、水文、气象资料完整性与施工过程中的风险控制关系较大,评估时根据地勘资料以及当地或附近的水文、气象资料记录年份综合判断。

(23)设计文件 X_{72},设计文件的完整性是施工的前提保证,目前依然存在一些项目在开工前设计文件不完整的情况,故应在评估中予以考虑。

表 A.2 清礁工程总体风险评估指标体系

【解析】 清礁工程总体风险评估是根据《水运工程爆破技术规范》(JTS 204—2008)、《水运工程施工安全防护技术规范》(JTS 205—1—2008)和前期课题研究成果以及征集专家意见的基础上,从工程规模、工程复杂程度、气象水文、地质条件、施工环境、生态环境、资料完整性等七个方面建立评估指标体系。采用指标体系法进行总体风险评估时,指标如何取值说明如下:

(1)对于完全定量的指标,采用插值法计算指标的具体取值。如风力条件(X_{31}),假设通过查取施工区域相关气象资料,得到大于6级风的年平均日数为50d,处在"40d~60d"分级区间,对应分值范围"50~75",则按照插值法进行计算得到 $R_{31}=62.50$(小数点后保留两位)。

(2)对于半定量的指标,则综合考虑实际情况,在取值区间范围内进行估测取值。如施工水域通航情况(X_{52})为上下行航线与作业区存在交叉,则在分值范围"50~75"中估测取值,假设清礁工程船舶仅有部分区域与上下行航线交叉,贴近下限取值,比如取 $R_{52}=51$。

(3)清礁以及清渣工程量 X_{11},参考《水运工程爆破技术规范》(JTS 204—2008),取清礁以及清渣工程体积量,工程量越大,相应的施工风险越大。

(4)爆破安全允许振动速度 X_{21},参考《水运工程爆破技术规范》(JTS 204—2008),爆破点距保护对象安全允许振动速度(取计算最小安全允许振动速度)越小,施工风险越大。

(5)施工技术复杂程度 X_{22},参考《水运工程爆破技术规范》(JTS 204—2008),将施工技术及工艺复杂程度分为"施工技术及工艺复杂"和"施工技术及工艺复杂程度一般"两个分值区间,施工工艺越复杂,相应的施工风险也越大。

(6)风力条件 X_{31},参考《水运工程爆破技术规范》(JTS 204—2008),当风力太大时,清礁作业会受到影响,当风力大于6级应停止作业,评估时根据大于6级风的年平均日数取值。

(7)台风/突风 X_{32},参考《水运工程施工安全防护技术规范》(JTS 205—1—2008),根据每年突风/台风影响的年平均影响次数取值,影响次数越多,危险越大,取值越高。

(8)雷电 X_{33},参考《水运工程爆破技术规范》(JTS 204—2008)和《航道整治工程施工规范》(JTS 224—2016),雷电会对爆破作业产生不可预估的影响,评估时按年平均雷电日数取值,取近三年统计数据平均值。

(9)能见度条件 X_{34},参考《水运工程施工安全防护技术规范》(JTS 205—1—2008),船舶雾航必须按《国际海上避碰规则》和《中华人民共和国内河避碰规则》的有关规定执行;停航通告发布后,必须停止航行;当遇到雾日时,许多水上作业都会受到影响或停止作业,评估时根据年平均能见度小于1000m雾日取值。

(10)水深 X_{35},参考《水运工程爆破技术规范》(JTS 204—2008),水深越大,需钻孔的深度越大，施工风险也越大。

(11) 流速 X_{36}，参考《水运工程施工安全防护技术规范》(JTS 205—1—2008) 和《航道整治工程施工规范》(JTS 224—2016)，水流紊乱水域应加强施工过程中流速、流态、比降观测，及时调整和优化施工方案，流速的大小对船舶水上施工影响较大，控制不好易发生质量和安全事故，流速越大风险越大。

(12) 波高 X_{37}，参考《水运工程爆破技术规范》(JTS 204—2008)，内河水位暴涨、暴落，沿海或河港施工水域波高较大时，不宜进行水下钻孔、装药作业，波高越大，施工的风险也越大。

(13) 潮差或年度水位差 X_{38}，参考《水运工程施工安全防护技术规范》(JTS 205—1—2008)，根据前期的课题研究成果，潮差越大施工风险越高，如施工船舶容易搁浅，不同的潮差对施工船舶施工时的稳定影响较大。评估时沿海潮差根据最近水文站或推算的平均潮差进行划分，内河水位差根据全年最近站点或推算的平均水位差进行划分受潮汐影响的河口地区应将潮差和年度水位差进行比较，取大值。同时鉴于内河所处区域的多样性，长江等大江大河(除河口地区)水位差借鉴参考山区河流，河口地区借鉴参考平原河流；河网地区和运河的水位差借鉴参考平原河流；库区的水位差借鉴参考山区河流；受潮汐影响的河口地区应将水位差和年度水位差进行比较，取大值。

(14) 岸坡地质 X_{41}，岸坡与边坡的稳定性对清礁工程施工造成较大影响，由岸坡与边坡不稳定导致的塌方、塌陷、滑坡等事故会对清礁工程，尤其是岸坡附近爆破施工造成不利影响，岸坡与边坡不稳定的影响越大，风险越高。

(15) 施工区域岩石完整度 X_{42}，参考《水运工程爆破技术规范》(JTS 204—2008)，岩层裂隙发育越完全，所需施工工序和方法越复杂，施工难度越大，相应的风险也越大。

(16) 施工区周围设施 X_{51}，参考《水运工程施工安全防护技术规范》(JTS 205—1—2008)，按周边易燃易爆、有毒有害管线、海底管线、储罐、设施、生产泊位、通航、靠离泊船舶、养殖区、易受影响建(构)筑物和铁路等离作业区的距离来确定，距离越近，相应的风险也越大。

(17) 施工水域通航情况 X_{52}，通航船与施工船舶存在碰撞风险，施工船舶越靠近航道则碰撞风险越大，通航船的船行波也会影响施工船舶的稳定性，评估时根据施工船舶与航道距离、通航船船行波对施工船舶的影响等情况进行综合判断。

(18) 施工涉及生态敏感区 X_{61}，清礁工程应尽可能避免对取水口、水源保护区、自然保护区和重要生态湿地等区域造成破坏或其他负面影响，主要考虑施工水域是否涉及生态敏感区，根据《环境影响评价技术导则　生态影响》(HJ 19—

2022)划分为三个等级区间,由高到低分别为:施工区域位于或邻近特殊生态敏感区、施工区域位于或邻近重要生态敏感区、施工区域不涉及特殊生态敏感区和重要生态敏感区。评估时也应考虑为保护生态环境而改变原施工组织、施工工艺等对施工安全管理带来的不利影响。

(19)地质水文气象资料 X_{71},参考《水运工程爆破技术规范》(JTS 204—2008),施工区域的水文、气象资料包括水位、潮汐、流速、流量、流态和波浪等,风、雨、雷暴、雾和雪等,封冻河流的冰冻期、冰层厚度、解冻期和流冰期等;爆破区域的地质、地貌资料包括爆破区的岩体结构、产状、岩性和风化程度,附近岸坡、边坡、危岩和潜在滑坡体等的稳定等。

(20)设计文件 X_{72},参考《水运工程爆破技术规范》(JTS 204—2008),设计文件主要包括爆破方案及施工方法、爆破器材选定、爆破参数和药量计算、起爆网路设计、安全距离确定及防护措施等。

表 A.3 整治建筑物工程总体风险评估指标体系

【解析】 整治建筑物工程总体风险评估是根据《航道整治工程施工规范》(JTS 224—2016)、《水运工程施工安全防护技术规范》(JTS 205—1—2008)和前期课题研究成果以及征集专家意见的基础上,从工程规模、工程复杂程度、气象水文、地质条件、施工环境、生态环境、资料完整性等七个方面建立评估指标体系。采用指标体系法进行总体风险评估时,指标如何取值说明如下:

(1)对于完全定量的指标,采用插值法计算指标的具体取值。如沉排工程量(X_{15}),假设整治建筑物工程所有沉排总量加起来为 75 万 m^2,处在"50 万 m^2 ~ 100 万 m^2"分级区间,对应分值范围"50 ~ 75",则按照插值法进行计算得到 $R_{15}=62.50$(小数点后保留两位)。

(2)对于半定量的指标,则综合考虑实际情况,在取值区间范围内进行估测取值。如施工船舶种类和数量(X_{21}),假设投入铺排船、吊装船、定位船、抛石船 4 种船舶,处在"投入施工船舶 3 ~ 4 种或运输船 20 ~ 30 艘"分级区间的最上限,对应按照分值范围"50 ~ 75"上限进行取值,$R_{21}=75$。

(3)护岸总长度 X_{11},参考《航道整治工程施工规范》(JTS 224—2016),护岸工程因其结构特点、现场条件和施工顺序的不同而风险大小不同,通常护岸工程的工程量越大,风险越大,因此取新建护岸总长度作为参数,新建护岸总长度越大,相应的施工风险也越大。

(4)筑坝总长度 X_{12},参考《航道整治工程施工规范》(JTS 224—2016),坝体抛筑顺序根据河道条件、运输方式和设计要求确定,通常筑坝总长度越长,相应的施工风险也越大。

(5)护滩(底)面积 X_{13},参考《航道整治工程施工规范》(JTS 224—2016),根据施工与通航、水位变化与水深情况等制定施工技术方案和安全保护措施,一般以铺设单元排面积来计算护滩(底)面积,护滩(底)面积越大,相应的施工风险也越大。

(6)散抛物总量 X_{14},参考《航道整治工程施工规范》(JTS 224—2016),散抛物主要为透水框架、块石、鱼巢砖、扭王字块等,取整治建筑物工程散抛物总量进行计算,散抛物总量越大,施工风险也越大。

(7)沉排工程量 X_{15},参考《航道整治工程施工规范》(JTS 224—2016),沉排工作量越大,施工船舶数量、施工作业面数量、施工周期等均相应增加,则施工安全风险也越大。

(8)施工船舶种类和数量 X_{21},参考《航道整治工程施工规范》(JTS 224—2016),整治建筑物工程投入的施工船舶种类主要包括铺排船、吊装船、定位船、运输船、抛石船等,或采用非标准船型,参与工程施工的船舶种类和数量越多,对施工水域附近船舶的正常通航影响越大,施工风险也越大。

(9)施工技术及工艺复杂程度 X_{22},参考《航道整治工程施工规范》(JTS 224—2016),将施工技术及工艺复杂程度分为"施工技术及工艺复杂"和"施工技术及工艺复杂程度一般"两个分值区间。

(10)风力条件 X_{31},参考《水运工程施工安全防护技术规范》(JTS 205—1—2008),当风力太大时,航道施工的许多水上作业都会受到影响,当风力大于6级应停止作业。评估时根据大于6级风的年平均日数取值。

(11)台风/突风 X_{32},参考《水运工程施工安全防护技术规范》(JTS 205—1—2008),根据每年突风/台风影响的年平均影响次数取值,影响次数越多,危险越大。

(12)能见度条件 X_{33},参考《水运工程施工安全防护技术规范》(JTS 205—1—2008),船舶雾航必须按《国际海上避碰规则》和《中华人民共和国内河避碰规则》的有关规定执行;停航通告发布后,必须停止航行;当遇到雾日时,码头施工的许多水上作业都会受到影响或停止作业,评估时根据年平均能见度小于1000m雾日取值。

(13)流速 X_{34},参考《水运工程施工安全防护技术规范》(JTS 205—1—2008),整治工程施工时,流速的大小对船舶水上施工影响较大,控制不好易发生质量和安全事故,流速越大风险越大。

(14)水深 X_{35},参考《航道整治工程施工规范》(JTS 224—2016),水深越大,沉排护底、透水框架抛投、水下基床整平等水上水下作业难度越大,施工风险也越大。

(15)波高 X_{36},参考《水运工程施工安全防护技术规范》(JTS 205—1—2008);当波高太大时,整治建筑物施工的水上作业都会受到影响,因此波高越大,施工的风险也越大。

(16)潮差或年度水位差 X_{37},参考《航道整治工程施工规范》(JTS 224—2016),并根据前期课题研究成果,沿海潮差越大施工风险越高,如施工船舶容易搁浅,不同的潮差对施工船舶施工时的稳定影响较大。评估时根据最近水文站或推算的平均潮差进行划分。参考《水运工程施工安全防护技术规范》(JTS 205—1—2008),本指标根据施工所处的区域划分为沿海和河流,河流的主要区域再划分为山区河流与平原河流,山区河流的年度水位差较大,平原河流的年度水位差较小,不同的水位差对施工船舶安全稳定影响较大。鉴于内河所处区域的多样性,长江等大江大河(除河口地区)的水位差借鉴参考山区河流,河口地区借鉴参考平原河流;河网地区和运河的水位差借鉴参考平原河流;库区的水位差借鉴参考山区河流;受潮汐影响的河口地区应将水位差和年度水位差进行比较,取大值。

(17)岸坡地质 X_{41},岸坡与边坡的稳定性对航道整治工程施工造成较大影响,由岸坡与边坡不稳定导致的塌方、塌陷、滑坡等事故会对整治建筑物施工造成不利影响。

(18)施工水域底质 X_{42},参考《航道整治工程施工规范》(JTS 224—2016),淤泥质软土层厚度越大,对整治建筑物稳定性影响也越大。

(19)施工水域地形 X_{43},参考《航道整治工程施工规范》(JTS 224—2016),施工水域底质冲沟越多,对整治建筑物稳定性影响也越大。

(20)施工所在航区航段 X_{51},参考《内河航区分级规范》,航区航段可分为J1、J2 航段,A、B 级航区(不包含 J1、J2),C 级航区(不包含 J1、J2)。

(21)施工水域通航情况 X_{52},参考《航道整治工程施工规范》(JTS 224—2016),应考虑施工水域情况、航道尺度、通航与施工的相互影响情况、堤防情况、船舶避风地点、水域、航道、停泊条件,同时通航船船行波会影响施工船的稳定性;评估时根据通航密度情况、通航船船行波对施工的影响等情况进行综合判断。

(22)船舶流量 X_{53},船舶交通流对航道工程施工影响明显,在邻近航道工程施工水域,船舶交通流越大,施工危险程度越大。

(23)邻近建筑物、水下碍航物情况 X_{54},参考《水运工程施工安全防护技术规范》(JTS 205—1—2008),航道施工会对水下管线、水工建筑物、养殖区、饮用水源、防洪设施以及通航等造成影响,同时通航船舶行波会影响施工船舶作业时的稳定性。评估时应根据周边妨碍物情况、通航密度、通航船舶行波对施工船舶以及施工对通航船舶的影响等情况进行综合判断。

(24)施工涉及生态敏感区 X_{61},参考《航道整治工程施工规范》(JTS 224—2016),整治建筑物工程施工应考虑区域分布以及有关部门对周边生态保护、鱼类保护、水产养殖等规定和要求。主要考虑施工水域是否涉及生态敏感区,根据《环境影响评价技术导则 生态影响》(HT 19—2022)划分为三个等级区间,由高到低分别为:施工区域位于或邻近特殊生态敏感区、施工区域位于或邻近重要生态敏感区、施工区域不涉及特殊生态敏感区和重要生态敏感区。

(25)地质水文气象资料 X_{71},参考《航道整治工程施工规范》(JTS 224—2016),地质、水文、气象资料完整性与施工过程中的风险控制关系较大,评估时根据地勘资料以及当地或附近的水文、气象资料记录年份综合判断,了解整治河段水文站、潮位站的分布,整治河段洪、中、枯水位、流量、流速等;受潮汐影响的整治工程,了解、分析全年逐日潮水预报、施工月份逐旬典型潮位过程曲线、设计水位及累计频率、风暴潮增减水位、波浪观测资料;了解、分析施工区域水流或海流不同水位的流速、流向,水文泥沙及冲淤变化情况,有冰凌水域的初、终冰期及冰况等;掌握地质钻孔和土层分布,岩土物理力学指标和地质灾害情况等,了解地下水和地表水情况、排水条件、渗流情况等;了解施工区域的气象情况,包括气温、风、雨、雪、雾、霾、雷电等。

(26)设计文件 X_{72},设计文件的完整性是施工的前提保证,目前依然存在一些项目在开工前设计文件不完整的情况,故应在评估中予以考虑。

表 A.4 助航设施工程总体风险评估指标体系

【解析】 助航设施工程总体风险评估是根据《水运工程施工安全防护技术规范》(JTS 205—1—2008)、《内河航道维护技术规范》(JTJ 287—2005)和前期课题研究成果以及征集专家意见,从工程规模、气象水文、地质条件、施工环境、生态环境、资料完整性等六个方面建立评估指标体系。采用指标体系法进行总体风险评估时,指标如何取值说明如下:

(1)对于完全定量的指标,采用插值法计算指标的具体取值。如岸标数量(X_{12}),假设新设岸标数量60个,处在"50个~100个"分级区间,对应分值范围"50~75",则按照插值法进行计算得到 $R_{12}=55$。

(2)对于半定量的指标,则综合考虑实际情况,在取值区间范围内进行估测取值。如船舶流量(X_{44}),假设经咨询施工水域海事主管部门得出施工期间水域船舶流量一般,航标施工方式为浮标抛投,且主要作业水域位于主航道两侧,则可贴近分值范围"50~75"下限进行取值,$R_{44}=51$。

(3)塔标高度 X_{11},参考《内河航道维护技术规范》(JTJ 287—2005),取塔标/杆标高度,高度越大,相应的施工风险也越大。

(4)岸标数量 X_{12},参考《内河航道维护技术规范》(JTJ 287—2005),岸标数量越多,相应的施工风险也越大。

(5)浮标新设与调整数量 X_{13},参考《内河航道维护技术规范》(JTJ 287—2005),浮标新设与调整数量越多,相应的施工风险也越大。

(6)计划工作强度 X_{14},参考《内河航道维护技术规范》(JTJ 287—2005),按单船日抛标数量来衡量工作强度,工作强度越大,施工风险也越大。

(7)风力条件 X_{21},参考《水运工程施工安全防护技术规范》(JTS 205—1—2008),当风力太大时,航标施工作业会受到影响,评估时根据大于6级风的年平均日数取值。

(8)台风/突风 X_{22},参考《水运工程施工安全防护技术规范》(JTS 205—1—2008),根据每年突风/台风影响的年平均影响次数取值,影响次数越多,危险越大。

(9)能见度条件 X_{23},参考《水运工程施工安全防护技术规范》(JTS 205—1—2008),船舶雾航必须按《国际海上避碰规则》和《中华人民共和国内河避碰规则》的有关规定执行;停航通告发布后,必须停止航行;当遇到雾日时,许多水上作业都会受到影响或停止作业,评估时根据年平均能见度小于1000m雾日取值。

(10)流速 X_{24},参考《水运工程施工安全防护技术规范》(JTS 205—1—2008),航标施工时,流速的大小对船舶水上施工影响较大,控制不好易发生质量和安全事故,流速越大风险越大。

(11)波高 X_{25},参考《水运工程施工安全防护技术规范》(JTS 205—1—2008),当波高太大时,航标施工的许多水上作业都会受到影响,波高越大,施工的风险也越大。

(12)潮差或年度水位差 X_{26},参考《内河航道维护技术规范》(JTJ 287—2005),并根据前期课题研究成果,沿海潮差越大施工风险越高,如施工船舶容易搁浅,不同的潮差对船舶的施工影响较大等,评估时根据最近水文站或推算的平均潮差进行取值。

(13)岸坡地质 X_{31},岸坡与边坡的稳定性对助航设施工程施工造成较大影响,由岸坡与边坡不稳定导致的塌方、塌陷、滑坡等事故会对岸边的航标施工造成不利影响。

(14)施工水域船舶富余水深 X_{41},富余水深越浅,施工船舶施工的危险性越大。

(15) 施工所在航区航段 X_{42}，参考《内河航区分级规范》，内河航道分为 J1、J2 航段，A、B 级航区（不包含 J1、J2），C 级航区（不包含 J1、J2），施工的风险依次减小；沿海航道划分将航区航段划分为五个等级区间，由高到低分别为：远海航区、近海航区、沿海航区、遮蔽航区、港池及内航道。

(16) 施工水域通航情况 X_{43}，参考《水运工程施工安全防护技术规范》（JTS 205—1—2008），同时通航船舶行波会影响施工船的稳定性；评估时根据通航密度情况、通航船舶行波对施工的影响等情况进行综合判断。

(17) 船舶流量 X_{44}，参考《水运工程施工安全防护技术规范》（JTS 205—1—2008），周围通航船舶会对航标施工造成影响，船舶流量越大，对水上助航设施施工越不利，相应的安全风险也越大。

(18) 灯塔施工位置 X_{45}，参考《水运工程施工安全防护技术规范》（JTS 205—1—2008），拟建灯塔位置条件对施工造成影响，拟建位置越恶劣，对施工越不利，相应的安全风险也越大。

(19) 施工涉及生态敏感区 X_{51}，航标工程施工应避免对取水口、水域水源保护区、自然保护区和重要生态湿地等保护区造成破坏或其他负面影响。主要考虑施工水域是否涉及生态敏感区，根据《环境影响评价技术导则 生态影响》（HJ 19—2022）划分为三个等级区间，由高到低分别为：施工区域位于或邻近特殊生态敏感区、施工区域位于或邻近重要生态敏感区、施工区域不涉及特殊生态敏感区和重要生态敏感区。

(20) 地质水文气象资料 X_{61}，地质、水文、气象资料完整性与施工过程中的风险控制关系较大，评估时根据地勘资料以及当地或附近的水文、气象资料记录年份综合判断。

(21) 设计文件 X_{62}，设计文件的完整性是施工的前提保证，目前依然存在一些项目在开工前设计文件不完整的情况，故应在评估中予以考虑。

附录 B 权重系数计算方法

B.1 重要性排序法

【解析】 重要性排序法是在把决策的全部目标按其重要性大小排序的基础上，根据最重要的目标选出一部分方案，然后按第二位的目标从所选出的这部分方案中再做选择,如此按目标的重要性位次一步一步地选择,直到选择一个最合适的目标方案。领导者常常面临多目标的选择,多目标选择的难点是各个目标的相对重要性。采用该方法进行权重系数计算时,评估小组可根据各项指标的重要性排序对照表 B.1 直接查找得到对应权重系数值。

B.2 层次分析法

【解析】 层次分析法根据问题的性质和要达到的总目标,将问题分解为不同的组成因素,并按照因素间的相互关联影响以及隶属关系将因素按不同层次聚集组合,形成一个多层次的分析结构模型,从而最终使问题归结为最低层(供决策的方案、措施等)相对于最高层(总目标)的相对重要权值的确定或相对优劣次序的排定。进行权重计算时可采用层次分析法计算软件进行辅助计算,避免建立复杂的判断矩阵模型,以提高评估时的便捷性和可操作性。案例中给出了采用 yaahp 计算软件进行某航道工程总体风险评估指标权重的示例。

附录 C 航道工程施工作业程序分解

【解析】 施工作业程序分解主要是为了合理划分出评估对象,以便系统全面地进行风险辨识分析和评估。本《指南》参考《疏浚与吹填工程施工规范》(JTS 207—2012)、《航道整治工程施工规范》(JTS 224—2016)、《水运工程爆破技术规范》(JTS 204—2008)及《水运工程质量检验标准》(JTS 257—2008)、《内河航道维护技术规范》(JTJ 287—2005),将航道工程中的疏浚与吹填工程、整治建筑物工程、清礁工程和助航设施工程的施工作业程序按单位工程、分部工程、分项工程(或作业环节)、施工工序逐级进行分解,划为不同的作业活动,根据工程项目实际情况,作业活动可以是分部工程、分项工程或作业环节,便于风险事件辨识。

附录 D 航道工程施工的典型风险事件类型

【解析】 本《指南》参考《水运工程施工安全防护技术规范》(JTS 205—1—2008),并征集专家意见,对疏浚与吹填工程、清礁工程、整治建筑物工程、和助航设施工程中各分项工程(作业环节)的典型风险事件类型进行了分析、筛选。表 D.1~表 D.4 梳理列出了不同作业活动的典型的风险事件类型,评估时可结合工程实际情况进行增减。如,可增加水上交通事故(船舶碰撞、搁浅、触礁等)和水上环境污染等风险事件。

附录 E 航道工程重大作业活动筛选分析

【解析】 本《指南》列举了重大作业活动筛选要素表,以及疏浚与吹填工程、清礁工程、整治建筑物工程和助航设施工程的重大作业活动,包括航行挖泥(自航船)、非自航船复杂水域施工、散抛物(块石、石笼等)抛投等11项常见重大作业活动。在进行重大作业活动判别时可直接对照表 E.2 进行判定,如果不属于这11种常见重大作业活动的,可按照表 E.1 中的重大作业活动筛选要素进行筛选判定。

附录 F 重大作业活动的 M-PEC 评价方法评估指标体系

F.1 管理(M)评估指标

【解析】 管理(M)是针对施工项目部综合安全管理水平的评估,评估出的施工项目部综合安全管理水平越低,说明其对风险的管控能力相对较差,会调高风险分值。为了确保管理(M)指标评定的客观准确性,这里根据《公路水运工程施工安全标准化指南》等相关行业标准要求,结合航道工程施工项目部安全管理特征,主要从安全生产条件(M_1)、安全生产管理制度(M_2)、安全技术管理(M_3)、施工设备与设施管理(M_4)、应急管理(M_5)和安全投入(M_6)六个方面进行细化指标分析。

(1)安全生产条件(M_1)主要考虑施工企业资质、专业分包、劳务分包、从业人员资格条件和安全组织机构等情况。

① 施工企业资质,按照资质级别进行评估,资质越高的施工企业安全管理相对完善,安全风险相对较小;

②专业分包,施工风险的控制与专业分包的专业化水平相关,主要按施工企业是否存在专业分包的情况进行评估;

③劳务分包,施工风险的控制与作业人员的技术水平相关,主要按作业人员是专业化产业工人或劳务派遣工人进行评估;

④从业人员资格条件,根据项目负责人、专职安全管理人员等安全管理人员的持证情况进行评估,未持证或者证书不在有效期或者人证不符风险最高;

⑤安全组织机构,根据是否建立完善的组织机构和配备专职安全管理人员等情况进行评估。

(2)安全生产管理制度(M_2)主要考虑制度建立和制度落实情况。

①制度建立,根据项目安全生产管理制度体系是否符合《公路水运工程平安工地建设管理办法》(交通运输令 2017 年第 25 号)要求进行评估,未建立或不健全说明项目部安全管理有缺陷,安全风险高;

②制度落实,根据安全生产责任制考核或安全检查中核实安全生产管理制度的执行情况进行评估。

(3)安全技术管理(M_3)主要考虑施工组织设计或专项施工方案,安全技术交底(工种交底)情况。

①施工组织设计或专项施工方案,完善的、针对性强的施工组织设计或专项施工方案是控制施工风险的前提,共分为未履行审批程序或针对性和可操作性较差、针对性和可操作性一般、针对性和可操作性强三个级别,其中专项施工方案包括危险性较大分部分项工程的专项施工方案和施工临时用电方案等,可操作性强指与现场实际情况符合,能够按方案执行,并取得预期效果;

②安全技术交底(工种交底)情况,根据安全技术交底是否覆盖各作业岗位,交底内容是否贴合岗位作业实际进行评估。

(4)施工设备与设施管理(M_4)主要考虑船舶及机械设备管理制度及台账、特种设备管理情况。

①船舶及机械设备管理制度及台账,船机设备配置及管理施工风险控制的保障之一,性能先进状况良好、管理完善的船机设备可以有效降低施工风险,评估时以按合同要求配置船机设备,建立完善的船机管理体系、制度,管理及维护工作得到有效落实的为符合规定。船机及主要设备变更大且达不到合同履约条件的,取大值;

②特种设备管理,特种设备管理是施工安全风险管控的重要环节之一,特种设备安拆单位资质符合要求,检测合格证书应在有效期等。如特种设备未取得登

记证书投入使用,则取大值。

（5）应急管理（M_5）主要考虑应急管理情况。

应急管理是安全风险管控的重要保障,根据是否建立完善的应急预案体系,有应急演练计划,并按照计划进行演练等进行评估。

（6）安全投入（M_6）主要考虑安全生产费用使用管理情况。

安全生产费用使用管理是施工风险控制的基础之一,评估时以安全生产费用投入满足、使用合规的为符合规定,投入满足、使用存在不规范现象的为基本符合规定,投入不满足的为不符合规定。

（7）评估计算管理（M）分值时,各细分指标直接对照表F.1取整数。如安全投入M_6,假如经查看项目部相关资料文件发现安全生产费用投入不足,则$M_6=2$。

F.2 风险事件后果（C）评估指标

【解析】 风险事件的后果（C）主要从人员伤亡、直接经济损失、环境损害和社会影响四个方面进行评估计算。

（1）人员伤亡（C_1）

人员伤亡主要从伤亡人数来划分等级,根据《生产安全事故报告和调查处理条例》中的事故分级,将人员伤亡评估指标区间分为5个等级：

① 风险可能导致特别重大事故发生,造成30人以上死亡,或者100人以上重伤（包括急性工业中毒,下同）,C_1取值为10；

② 风险可能导致重大事故发生,造成10人以上30人以下死亡,或者50人以上100人以下重伤,C_1取值为8；

③ 风险可能导致较大事故发生,造成3人以上10人以下死亡,或者10人以上50人以下重伤,C_1取值为5；

④ 风险可能导致一般事故发生,造成1人以上3人以下死亡,或者5人以上10人以下重伤,C_1取值为2；

⑤ 风险可能导致一般等级以下事故发生,造成5人以下重伤,C_1取值为1。

（2）直接经济损失（C_2）

综合考虑航道工程施工企业对可能造成的直接财产损失的接受度,将其划分为5个等级：

① 风险可能导致的特别重大事故,造成直接经济损失大于等于10000万元或经济损失占项目建安费的比例大于等于10%,C_2取值为10；

② 风险可能导致的重大事故,造成直接经济损失5000万元以上10000万元以下或经济损失占项目建安费的比例5%以上10%以下,C_2取值为8;

③ 风险可能导致的较大事故,造成直接经济损失1000万元以上5000万元以下或经济损失占项目建安费的比例2%以上5%以下,C_2取值为5;

④ 风险可能导致的一般事故,造成直接经济损失100万元以上1000万元以下或经济损失占项目建安费的比例1%以上2%以下,C_2取值为2;

⑤ 风险可能导致的一般等级以下事故,造成直接经济损失小于100万元或经济损失占项目建安费的比例小于1%,C_2取值为1。

(3) 环境损害(C_3)

环境损害主要考虑施工船舶发生水上污染事故对生态环境造成的影响,参考《水上交通事故统计办法》中对于船舶污染事故的等级划分,将其划分为五个区间:

① 风险可能导致的特别重大事故,造成船舶溢油1000t以上致水域严重污染的,C_3取值为10;

② 风险可能导致的重大事故,造成船舶溢油500t以上1000t以下致水域大范围污染,C_3取值为8;

③ 风险可能导致的较大事故,造成船舶溢油100t以上500t以下致水域较大范围污染,C_3取值为5;

④ 风险可能导致的一般事故,船舶溢油1t以上100t以下致水域小范围污染,C_3取值为2;

⑤ 风险可能导致的一般等级以下事故,船舶溢油1t以下致水域轻微污染的,C_3取值为1。

(4) 社会影响(C_4)

社会影响主要考虑风险事件发生后可能造成的不良社会影响,综合考虑社会对航道工程安全事故的关注度,将其划分为五个等级,从高到低依次为:

① 绝大部分群众有意见、反应强烈,可能引发大规模群体性事件,媒体高度关注,C_4取值为10;

② 大部分群众有意见、反应较强烈,可能引发小规模群体性事件,媒体一般关注,C_4取值为8;

③ 小部分群众有意见、反应较强烈,可能引发矛盾冲突,C_4取值为5;

④ 绝大部分群众理解支持但极少数人有意见,矛盾易化解,C_4取值为2;

⑤ 群众均无意见,C_4取值为1。

F.3 航行挖泥作业活动 P 和 E 评估指标

F.4 抛石作业(水下基床抛石、块石抛筑坝体)作业活动 P 和 E 评估指标

F.5 铺排护底(散抛石压载软体排护底)作业活动 P 和 E 的评估指标

F.6 水下基床整平作业活动 P 和 E 评估指标

F.7 预制构件水上吊运安装作业活动 P 和 E 评估指标

F.8 岸坡开挖作业活动 P 和 E 评估指标体系

F.9 爆破作业活动 P 和 E 评估指标

F.10 扫床作业活动 P 和 E 评估指标

【解析】 风险事件发生的可能性(P)和环境(E)两个评估指标因作业活动的工艺和环境不同而有所区别,本《指南》在表 F.3 ~ F.18 分别建立了航行挖泥、抛石作业(水下基床抛石、块石抛筑坝体)、铺排护底(散抛石压载软体排护底)、水下基床整平、预制构件水上吊运安装、岸坡开挖、爆破作业和扫床作业等 8 种重大作业活动的 P 和 E 评估指标体系。下面对于指标体系中定量和定性两大类型指标如何取值进行说明,并对航行挖泥作业活动进行 M-PEC 评价法举例计算。

(1)对于定量指标,采用插值法计算指标的具体取值。如流速 E_{11},假设施工处于平原河流,施工区域流速为 2.5m/s,处在"≥2m/s"分级区间对应取值区间"$2 < E_{11} \leqslant 3$",则可对比其他分级区间"1m/s ~ 2m/s"对应的取值区间"$1 < E_{11} \leqslant 2$"按照插值法进行计算得到 $E_{11} = 2.50$(小数点后保留两位)。

(2)对于定性指标,则综合考虑实际情况,在取值区间范围内进行估测取值。如人的因素引发风险事件的可能性(P_1),假设疏浚船舶假设人员、放耙人员等主要工序施工人员均具有 3 年~4 年类似项目的施工经验,处在"主要工序施工人员

具有3年~5年类似项目的施工经验"的分级范围、对应取值区间"$1 < P_1 \leqslant 2$",综合考虑主要工序施工人员均由3年以上类似项目施工经验,也有部分超过4年、但均未达到或超过5年(施工经验越丰富、人员风险相对越低,取值也就越小),则可靠近取值区间中间值上限进行取值,$P_1 = 1.52$。

第5篇 《公路水运工程施工安全风险评估指南 第7部分:船闸工程》(JT/T 1375.7—2022)解析

1 范围

【解析】 本《指南》第 7 部分船闸工程主要规定了船闸工程施工安全风险评估的基本要求以及总体风险评估、专项风险评估、风险控制措施、风险评估报告的要求,其中基本要求、风险控制措施和风险评估报告直接按照《公路水运工程施工安全风险评估指南 第 1 部分:总体要求》执行。本《指南》主要适用于新建、改建、扩建船闸工程,包括整体式和分离式(重力式、悬臂式、扶壁式、板桩等)结构类型。

2 规范性引用文件

3 术语和定义

4 基本要求

5 总体风险评估

5.1 一般要求

【解析】 对满足上述条件之一的船闸工程,宜开展总体风险评估。上述范围之外,存在地质条件复杂(如不良地质体、特殊岩土地段)、地震频发区(抗震设防烈度 7 度及以上)、气候条件恶劣(洪汛影响年度超过 1 次及以上、近五年内平均降雨达 1000mm 及以上)、施工场地周边环境复杂,以及其他存在较大施工安全风险情况的,如果交通运输主管部门、建设单位等相关单位认为有必要,也可按照本《指南》确定的原则开展风险评估。

5.2 专家调查法

5.2.2
【解析】 同第三篇 5.2.2 条。

5.3 指标体系法

5.3.2
【解析】 同第三篇 5.3.2 条。

5.3.3
【解析】 同第三篇 5.3.3 条。

5.3.4
【解析】 本《指南》从工程特点、地质条件、气象水文条件、施工环境、资料完整性等五个方面建立评估指标体系,所列指标并非适用所有的船闸工程,不一定全部参与评估,评估小组应当结合工程实际情况,从中选取或相应补充具体的评估指标。当本《指南》所列某项指标不适用于具体船闸工程时,则不选取该项指标作为评估指标。各地区可结合自身经验,对指标的分级区间及分值范围进行适当调整。

5.3.5
【解析】 施工安全总体风险分级划分标准,是根据有限的试点应用实例提出的,试点应用表明,评估结果分级呈现正态分布的特点,评估结论与工程实际是契合的,同时随着样本数的增多,也可适时调整。

5.3.6
【解析】 评估小组应当通过集体讨论的方式确定并标识出重要性指标。重要性指标的基本分值取值接近或达到 100,则该指标对评估结果影响非常大,若出现 2 个及以上取最大值的重要性指标,极易导致风险事件的发生,应根据工程具体情况,由评估小组集体讨论确定风险等级的调整。

6 专项风险评估

6.1 一般要求

6.1.1

【解析】 对于 5.1 所列的船闸工程,一般情况下在施工阶段都存在一定程度的安全风险,应进一步深化风险评估,开展专项风险评估,并贯穿整个施工过程。对于开展了总体风险评估的船闸工程项目,专项风险评估应参考总体风险评估结论中的总体风险等级以及建议的专项风险评估对象(作业活动或施工区段),必要时总体风险评估中一些分值取值高的重要性指标(基本分值取值接近或达到100)也要在专项风险评估中加以关注。

6.2 风险辨识与风险分析

6.2.2

【解析】 附录 B 给出了常见的船闸主体工程、引航道工程、闸阀门及启闭装置安装工程的施工作业程序分解,按单位、分部、分项工程(作业环节)及施工工序划分为不同的作业活动,仅供参考使用。实际操作时应结合项目具体情况,依据施工图设计文件以及施工组织设计确定的施工工艺进行分解,将施工过程划为不同的作业活动,视风险评估的具体需求而定。

6.2.3

【解析】 每个作业活动可能发生多种风险事件类型,应把各作业活动主要施工工序可能发生的风险事件类型进行逐一辨识。附录 C 给出了船闸主体工程、引航道工程、闸阀门及启闭装置工程施工的典型风险事件类型,仅供参考使用。实际操作时应结合工程实际情况进行调整,可增加管涌、渗流、溃坝、船舶碰撞、船舶搁浅和水上环境污染等风险事件。

6.3 风险估测

6.3.1

6.3.1.3

【解析】 附录 D 给出了船闸工程常见重大作业活动清单,仅供参考使用。实际操作时应结合工程具体情况进行选择或调整。

6.3.3

6.3.3.2

【解析】 本《指南》选择了 9 项典型的重大作业活动建立了风险事件可能性评估指标体系,其他重大作业活动(如水上沉桩施工、水上灌注桩施工、构件水上吊运及安装等)可参考借鉴其他部分《指南》的评估指标体系。附录 E 所列举的指标体系是按通常情况构建的,对于具体工程,可根据实际情况对指标的分值范围进行适当调整。

6.3.3.3

【解析】 同第三篇 6.3.3.3 条。

6.4 风险控制预期效果评价

7 风险控制措施

8 风险评估报告

附录 A 船闸工程施工安全总体风险评估指标体系

【解析】 表中各指标取值说明如下。

(1) 船闸级别 X_{11}，按设计最大船舶吨级划分，船闸级别越大，工程规模越大，基坑深度、高大模板等与工程规模息息相关的施工风险也越大。

(2) 船闸线数 X_{12}，船闸平面布置按并列排列船闸数分为单线和多线船闸，多线船闸分期施工时基坑施工对已建结构风险较大，船闸线数越多，基坑开挖面越大，作业人员及交叉施工越多，风险越高。

(3) 船闸级数 X_{13}，船闸平面布置按纵向排列闸室数分为单级和多级船闸，多级船闸又分为连续多级船闸和设中间渠道船闸。船闸级数越多，施工作业的条件要求越高，作业线越长，现场安全管理难度越高，发生风险事件的可能性也越大。

(4) 船闸设计水头 X_{14}，船闸工程水头高度越大，闸墙、闸墩等结构高度越高，临时工程越复杂，施工风险越高。

(5) 基础岩性 X_{21}，船闸施工区域地质的情况与施工风险密切相关，如易滑及软弱地层地基承载力较差，则施工风险较大；岩石风化程度不同，地质条件差别较大，风化越严重处地质条件越差，则施工风险较大。评估时可根据地质勘探资料判断，存在不同岩土类型的按就高原则取值。

(6) 土体类型 X_{22}，一类土为松软土（砂土、粉土、疏松的种植土、淤泥），二类土为普通土〔粉质黏土、潮湿的黄土、粉土（砂土）混卵（碎）石、种植土、填土〕，三类土为坚土〔软及中等密实的黏土、重粉质黏土、砾石土、干黄土、粉质黏土（含碎石卵石）、压实的填土〕，四类土为砂砾坚土（坚硬密实或含碎石、卵石的中等密实的黏性土或黄土），主要考虑土体开挖时的自稳情况。评估时可根据地质勘探资料判断，存在不同土体类型的按就高原则取值。

(7) 开挖体结构 X_{23}，岩质坡体的稳定性与结构面的发育程度、发育位置、产状、组合特征及其工程性质有着十分密切的内在联系，岩质坡体的失稳破坏通常沿结构面发生，当开挖体中存在顺坡贯通的结构面或组合体时发生滑坡风险较大。

(8) 特殊地质 X_{24}，对船闸工程施工影响较大的特殊地质主要为岩溶洞穴、地下暗河、塌陷坑、岩溶发育带、断层破碎带、深厚软土层等，工程处于特殊地质区域时，施工风险较大。评估时可根据地质勘探、试桩情况和周边资料综合判断。

(9) 降水 X_{31}，雨季施工或年平均降雨较多时会引起地下水位抬高和地表流量加大，还会造成坡面土体冲刷，对围堰和基坑的安全稳定影响较大，故评估时应根据船闸所在区域的年平均降雨量进行确定，月降雨量集中应取高值。如没有过去5年内年均降雨量资料，可用当地的年降雨量数据代替5年内年均降雨量，分值可按实际值线性内插取值。

(10) 流速 X_{32}，船闸工程以干地施工为主，水流流速对不同区域的水上船舶作业及围堰稳定性影响较大。评估时根据流速最大值进行划分，山区河道地势起伏大、流速紊乱的情况下,取高值;对于受潮汐影响的河口地区应将流速与潮流对比,取大值。

(11) 水位变幅或潮差 X_{33},水位变幅或潮差对挡水建筑物安全稳定影响较大。同时鉴于内河所处区域的多样性,长江等大江大河(除河口地区)的水位差借鉴参考山区河流,河口地区借鉴参考平原河流,河网地区和运河的水位差借鉴参考平原河流。评估时根据最近站点或推算的平均年度水位差进行划分,存在短时间内水位变化较大、暴涨暴落情况的取高值;对于受潮汐影响的河口地区应将水位差与潮差对比,取大值,强涌潮地区,取高值。

(12) 台风或突风 X_{34},台风及带来的强降雨对材料设备、围堰施工、基坑排水、临时结构等影响较大,在台风季节或施工时遇到突风,会给高大模板、起重吊装作业带来风险。评估时根据台风或突风影响施工区域的年平均次数划分,施工不在台风或突风季节可以降低取值。

(13) 风力条件 X_{35},当风力太大时,许多水上作业和起重吊装作业都会受到影响,如沉箱出运、模板安装、闸阀门吊装作业时,当风力大于 6 级应停止作业。评估时根据大于 6 级风的年平均日数划分。

(14) 冰冻、冰凌 X_{36},冰冻期施工应制定安全技术措施,并应根据当地的气温、结冰期、施工经验等确定施工工艺。冰冻期施工人员操作困难,地面湿滑作业风险较高,大体积混凝土质量控制难度大,评估时根据出现天数以及持续时间确定。

(15) 河道区域 X_{41},目前,已建、在建或新建船闸位于山区河道和平原区河道较多,部分船闸位于感潮河道,评估时结合工程所在河道情况进行判断。山区河道地势起伏大、水流紊乱,存在短时间内水位变化大、暴涨暴落,或存在年平均 2 次及以上洪汛影响的,对围堰施工及结构稳定性影响较大,取高值。

(16) 工程选址 X_{42},枢纽改扩建船闸由于建设年代久远,工程资料较不齐全,改扩建施工受原有船闸、枢纽结构物、泄洪、发电等因素的影响,故施工风险大;扩建复线船闸受现有结构物的影响,场地、施工条件有限,故施工风险较大;枢纽与船闸同步建设规模较大,各项资料及手续齐全,场地开阔,故施工风险一般;单一船闸建设受其他邻近的水工结构影响较小,施工条件较好,故施工风险较小。

(17) 临时围堰 X_{43},采用过水围堰时,基坑内淹水对机械设备及已建构筑物影响较大,遇洪水可能存在溃堰的风险,故风险最大。坝下消能区水流流态复杂,电站发电时下泄水流在坝下或围堰内产生回流,回流区内水流在主流压迫、岸坡反射作用下将出现振荡,进而引起水流横向流动,并可能翻过围堰,增加围堰溃决风险,围堰在消能区范围内的取高值。

(18) 通航情况 X_{44},通航情况主要影响引航道施工,航道通航情况下,水上施工会对通航船舶造成影响,评估时可根据通航密度情况、船行波影响以及施工对通航影响等情况进行综合判断。

(19)基坑开挖深度 X_{45},基坑开挖后形成的土质坡体与岩质坡体在破坏机理上区别较大,土质边坡的破坏主要是土体稳定问题,一般是滑动破坏,是滑移面上的剪应力超过其抗剪强度造成的。岩质边坡的失稳破坏,往往与滑动面和岩体节理发育有很大关系。基坑开挖深度越大,施工风险越高。评估时基坑开挖深度按作业面向下开挖深度计,当土体开挖深度超过20m,岩体开挖深度超过40m,基本分值确定为100,其他分值可按线性内插计算取值。

(20)工程施工场地周边妨碍物 X_{46},船闸工程施工会对场地周边管线、储罐设施、跨航桥梁、轨道交通、沿线道路以及通航等造成影响,同时通航船舶会影响水上作业安全。评估时应根据周边妨碍物情况、通航密度等情况进行综合判断。施工场地范围为施工区及外围500m以内的范围。

(21)地质水文气象资料 X_{51},地质、水文、气象资料完整性与施工过程中的风险控制关系较大,评估时根据地勘资料以及当地或附近的水文、气象资料记录年份综合判断。

(22)设计文件 X_{52},完整的设计文件应包括平面图、立面图、剖面图、结构图、大样图以及设计说明等,设计文件的完整性是施工的前提保证,目前依然存在一些项目在开工前设计文件不完整的情况,故应在评估中予以考虑。

附录E 重大作业活动的风险事件可能性评估指标体系

E.1 临时围堰施工

【解析】 表中各指标取值说明如下。

(1)围堰工程级别 X_{11},围堰是船闸施工过程中重要的环节,也是船闸工程安全施工的前提和保障,根据其保护对象、失事后果、使用年限和围堰工程规模划分为3级、4级、5级、5级以下,围堰工程级别越高其结构安全重要性越大。

(2)围堰结构 X_{12},按筑堰的材料,可分为土石围堰、混凝土围堰、钢板桩围堰、浆砌石围堰、竹笼围堰、木笼围堰、土工布袋围堰及草土围堰等。从围堰结构使用期间的稳定性方面考虑,混凝土围堰安全稳定性明显高于其他形式。

(3) 围堰防渗结构 X_{13}，船闸工程围堰防渗结构主要有旋喷桩、搅拌桩类、黏土斜墙或心墙式、板桩墙、混凝土防渗墙，从防渗效果方面考虑混凝土防渗墙效果相对更好，发生风险事件的可能性更小。

(4) 围堰使用期 X_{14}，施工导流阶段不同对围堰工程的要求不同，围堰工程作为临时挡水建筑物，度汛期间围堰挡水压力最大，跨越汛期的次数越多风险就越大，评估时根据工期跨越汛期的次数安排确定。

(5) 围堰地质条件 X_{21}，围堰主要坐落在软基(淤泥或淤泥质土)、土基(残积土或砂卵石等)和岩基(强风化以上)上，从地基承载力方面考虑岩基条件较好，评估时应依据地质勘察报告与现场揭露岩体情况综合判断。

(6) 岩土体渗透性 X_{22}，岩土体渗透性影响围堰内施工区域的安全，渗透系数越大、渗透性越强，发生围堰渗流、涌水的可能性更大，失稳风险越高，可根据地勘报告岩土体渗透系数判断。

(7) 流速 X_{31}，同本篇附录 A 表 A.1 中的流速 X_{32}。

(8) 水位变幅或潮差 X_{32}，同本篇附录 A 表 A.1 中的水位变幅或潮差 X_{33}。

(9) 河床冲刷变化 X_{33}，河床冲刷情况对围堰的结构安全和稳定影响较大，冲刷越厉害安全风险越大，严重冲刷影响围堰结构安全，需对围堰进行防护；轻微冲刷对围堰结构影响较小，注意堰脚防护。评估时应结合水文条件、工程本身特点或周边工程的情况综合判断。

(10) 导流方式 X_{41}，施工导流方式可划分为围堰过水导流，明渠导流、泄洪洞导流，束窄河床分期导流，束窄河床一期导流，其中围堰过水导流风险较大，束窄河床一期导流风险较小。若使用两种及以上导流方式的，取高值。

(11) 施工方法 X_{42}，围堰的施工方法按作业方式分为采用船机设备水上施工和采用陆上设备陆上施工，水上施工涉及船机，致险因素较多，风险较大，评估时根据施工组织设计确定。

(12) 围堰拆除方式 X_{43}，不同结构形式的围堰拆除方式不同，主要采用爆破拆除和机械拆除，爆破拆除施工风险较大，评估时根据施工组织设计确定。

(13) 监测 X_{44}，评估时应根据施工期监测的项目是否按照 SL 645、JTS/T 234 要求的监测内容判断，监测指标越多，越有利于掌握结构变形及稳定状态的发展，可事先预警采取工程措施，有效降低施工风险。

(14) 围堰挡水高度 X_{51}，围堰挡水高度越高，围堰在使用期挡水压力越大，结构安全风险相应增加，评估时按围堰可能出现的最大挡水高度采用插值法取值。

(15) 围堰挡水超高 X_{52}，围堰挡水超高富余高度越小，度汛风险越高，围堰挡水超高低于施工期间可能出现的最高水位时，围堰过水风险高。

(16)施工场地周边妨碍物 X_{53},围堰施工场地存在易燃易爆、有毒有害的管线、储罐、其他保护构筑物等设施以及离靠泊作业,若施工稍有不慎都会对其造成破坏或引发人员伤亡、环境灾难或经济损失,施工中应采取措施,严格控制。评估时应根据周边妨碍物的类别判断。

(17)上游库区分布情况 X_{54},工程上游有库区分布,且具备日、周、年调节能力的,调节频率、时间稳定,有利于现场人员、设备转移,减小围堰结构安全风险;工程上游有库区分布,但无调节能力时,按天然流量供水,不利于围堰及时防护加固和人员设备撤离,增加围堰使用风险。

E.2 地下连续墙施工

【解析】 表中各指标取值说明如下。

(1)墙的形状 X_{11},地连墙成槽施工难易程度与墙的形状有关,异型结构较矩形结构在挖槽、钢筋笼吊装等施工难度大,作业风险高,评估时结合墙体结构和具体施工工艺取值。

(2)墙深 X_{12},地连墙墙深越大,墙侧土体塌方、地连墙塌槽风险越大,钢筋笼下放难度越大,评估时根据墙深按插值法取值。

(3)墙厚 X_{13},现浇地连墙厚度越大,沟槽暴露范围越大,墙侧土体塌方、地连墙塌槽风险越大,评估时根据墙厚按插值法取值。

(4)成墙区地质条件 X_{21},成墙区域地质条件包括岩土种类、土体性质、有无特殊性岩土及其他复杂情况等,与成槽设备的稳固、难易程度、成槽过程是否容易坍塌及成槽质量等相关,特别在基础条件不好的地基和岸坡,容易失稳,出现滑坡、坍塌或推移的情况,地质条件越差,则风险越大。

(5)吊装区域地基条件 X_{22},地连墙钢筋笼自重大,加上吊车本身的重量,对吊装区域地基承载力要求高,场地地基承载力差,其吊装的危险程度越大。

(6)降水 X_{31},同本篇附录 A 表 A.1 中的降水 X_{31}。

(7)台风或突风 X_{32},同本篇附录 A 表 A.1 中的台风或突风 X_{34}。

(8)风力条件 X_{33},同本篇附录 A 表 A.1 中的风力条件 X_{35}。

(9)地基加固 X_{41},地连墙在成槽前应根据地质条件确定是否进行地基加固,以达到满足承载力的要求,未采取地基加固的槽壁坍塌风险大,评估时根据软弱地基是否进行了地基加固以及加固方案进行判断。

(10)施工导墙 X_{42},在挖掘地下连续墙沟槽时,接近地表的土极不稳定,容易坍陷,而泥浆也不能起到护壁的作用,因此在单元槽段挖完之前,导墙起挡土的作用。在施工期间,导墙经常承受钢筋笼、浇筑混凝土用的导管、钻机等静、动荷载的作用,导墙整体受力稳定性好,有效降低施工风险。

(11)成墙工艺 X_{43},地连墙成槽应根据地质条件、墙体尺寸和施工环境选择成槽机械,采用液压抓斗或钻孔机械施工风险较冲孔机械小。

(12)监测 X_{44},同本篇附录 E 表 E.1 中的监测 X_{44}。

(13)钢筋笼重量 X_{45},钢筋笼外形尺寸大、重量大,吊装时,重量越大风险越高。

(14)钢筋笼吊装跨度 X_{46},钢筋笼吊装时跨度越大,吊装风险越大。

(15)钢筋笼吊装方式 X_{47},钢筋笼吊装采用双机起吊,且每台起重机最大起重重量均大于钢筋笼重量时,按照操作规程进行吊装,风险较小;否则风险较大。

(16)有无交叉施工 X_{51},地连墙成槽施工、钢筋笼吊装存在交叉作业,容易发生安全事故,评估时根据不同施工工艺时间、空间的组织安排,判断有无交叉施工,并根据交叉施工的种类及持续时间长短进行综合判断。

(17)地连墙两侧水位差 X_{52},地连墙结构两侧水位差将改变墙体主被动土压力分布,造成墙体水平位移曲线发生变化,进而影响墙外沉降,墙内外两侧水位差越大,位移和沉降风险也越大。

E.3 基坑施工

【解析】 表中各指标取值说明如下。

(1)基坑开挖深度 X_{11},基坑开挖深度越大,施工风险越高,基坑开挖后形成的土质坡体与岩质坡体在破坏机理上区别较大,土质边坡的破坏主要是土体稳定问题,基坑内作业风险较大。评估时基坑开挖深度按作业面向下开挖深度计,当土体开挖深度超过 20m,岩体开挖深度超过 40m,基本分值确定为 100,其他分值可按线性内插计算取值。

(2)坡体高度 X_{12},船闸工程坡体高度按坡体与基坑开挖形成的整体边坡高度计(含山体裸露边坡与作业面裸露边坡高度之和)。当土质边坡高度超过 40m,岩质边坡高度超过 60m,基本分值确定为 100,其他分值可按线性内插计算取值。

(3)有支护基坑支护方式 X_{13},从结构受力角度考虑,评估时应根据不同的支护方式确定,同一基坑不同部位采取两种以上的方式时,按风险大的取值。

(4)无支护基坑放坡坡度 X_{14},对于无支护基坑放坡开挖,开挖坡度较稳定坡角越缓越安全,稳定坡脚按设计文件确定。基坑岩土指标软弱的取大值,基坑岩土指标为中风化及以上更具稳定性的取小值,评估时应根据岩土指标、开挖坡角与稳定坡角对比值进行评判。

（5）土质情况 X_{21}，土质变差、差距越大，导致基坑破坏的可能性就越大，根据开挖前钻探或施工中揭露的坡体土层分布进行判别。

（6）岩体结构 X_{22}，岩质坡体的稳定性与结构面的发育程度、发育位置、产状、组合及其工程性质有着十分密切的内在联系，岩质坡体的失稳破坏通常沿结构面发生，当开挖体中存在临空缓倾贯通软弱结构面时，发生滑坡风险较大。根据地质勘探揭露的结构面的贯通性、充填情况判断。

（7）地层含水率 X_{23}，地下含水层的分布及水量情况，对基坑的安全稳定影响较大，连续含水层可能发生基坑涌水整体失稳破坏，含水量较少可采取降排水等工程措施有效控制，评估时根据地下水类型、含水层的分布、含水率的大小确定。

（8）特殊地质 X_{24}，对基坑工程施工影响较大的特殊地质主要包括岩溶洞穴、地下暗河、塌陷坑、岩溶发育带、断层破碎带、深厚软土层等。工程处于特殊地质区域时，施工风险较大。评估时可根据地质勘探、试桩情况和周边资料综合判断。

（9）降水 X_{31}，同本篇附录 A 表 A.1 中的降水 X_{31}。

（10）气候环境条件 X_{32}，不良的气候条件带来洪水、强风、强暴雨雪、台风、地震等自然灾害，对基坑施工和基坑稳定性影响较大，评估时应考虑所在区域的气候环境的影响，特别是自然灾害多发地区的易发季节取高值。

（11）开挖工艺 X_{41}，不同的开挖工艺对应不同的施工风险，爆破震动对基坑扰动大，不利于边坡稳定，施工风险大；土方机械开挖较人工开挖工程量大、作业面广，机械设备投入更多，施工风险更高；开挖边坡高陡时应取高值。

（12）开挖方法 X_{42}，在有支护和无支护的情况下，采用不同的开挖方法，对应的施工风险也不同。分层开挖根据每层的开挖面积大小取值，面积越大的取值越大。

（13）降水或截排水措施 X_{43}，地下水位、水量及渗水量、地表水量对基坑的安全稳定影响较大，评估时根据所采取的措施，若只采用一种降水或截排水措施的取大值，同时采用两种及以上措施的取小值。

（14）监测 X_{44}，评估时应根据施工期监测的项目是否按照 JTS 218、JTS/T 234 要求的监测内容判断，监测指标越多，越有利于掌握结构变形及稳定状态的发展，可事先预警采取工程措施，有效降低施工风险。

（15）施工周边环境 X_{51}，船闸工程基坑开挖施工时，在基坑周边 $4H$ 范围内有洪水位高于基坑底的水库、河流等稳定或动态水体、湿地，存在渗流、溢流或垮塌的风险；在基坑周边 $3H$ 范围内有建筑物、管道、线缆等设施，存在对上述设施造成破坏的风险。评估时，基坑外水位越高的、建筑物重要性越大的、管线越复杂的取值越大,反之则取低值。

(16)地下水变化 X_{52},地下水水位及水量情况,对非岩基基坑的安全稳定影响较大,地下水位高且水量充沛的,发生突涌、冒水、渗水风险高,评估时根据地下水类型、含水层的分布、含水率的大小确定。

E.4 船闸主体混凝土施工

【解析】 表中各指标取值说明如下。

(1)闸室结构类型 X_{11},闸室结构越复杂,混凝土施工方案、模板专项设计越复杂,施工难度越大,施工作业风险越高。

(2)闸首结构类型 X_{12},闸首的结构形式有整体式和分离式两种,在土基上为避免由于边墩不均匀沉降而影响闸门正常工作,一般采用整体式;在岩基上,为节省混凝土用量常用分离式。轮廓尺度及布置方式主要决定于工作闸门形式、输水系统类型、启闭机布置及地基条件等因素,同时必须满足抗渗稳定和地基稳定性等要求。闸首轮廓尺度越大、布置方式越复杂,施工难度越大,施工作业风险越高。

(3)结构高度 X_{13},结构高度越高,混凝土浇筑、模板、支架搭设难度越大,施工风险越高。评估时按底板至顶高的距离,比照基准分,综合判定。

(4)单次混凝土浇筑方量 X_{14},主要考虑对模板支架稳定性的影响,不包括闸底板单次混凝土浇筑。单次混凝土浇筑方量考虑支架及模板承受荷载的大小,以及浇筑的时间,减少混凝土单次浇筑体积有利于减小支架及模板承受的荷载,提高安全稳定性。

(5)地质条件 X_{21},施工区域地质条件差,如存在岩溶、空穴、断层破碎带等不良地质条件,基础施工难度大、风险高,评估时可根据地勘资料和现场实际情况综合判断。

(6)地下水 X_{22},施工时地下水渗流、带水进行混凝土浇筑作业,混凝土浇筑质量难以保障,影响施工和结构安全,施工风险较高,评估时根据现场情况确定。

(7)模板形式 X_{31},组合模板施工时对模板安拆、转运工作量大,施工风险高。评估时根据施工组织设计采用的模板类型判断,采用两种或两种以上类型模板时,按危险性最大的取值。

(8)浇筑输送方式 X_{32},混凝土浇筑输送方式主要分为陆上吊罐输送、输送泵或皮带机输送、溜槽输送。评估时应考虑吊灌、泵送和溜槽输送等方式的风险不同。采用陆上吊罐输送时,陆地吊罐浇筑取低值,在施工平台或便桥上吊罐浇筑取高值。短距离泵送取低值,长距离泵送取高值。

(9)地基处理方式 X_{33},船闸主体工程施工前应根据地质条件确定是否进行地基处理,以达到满足承载力的要求,使用两种及以上地基基础处理措施的取高值。

(10)脚手架高度 X_{34},脚手架基础不平整、地基软取大值,坡度陡取大值;反之,取小值。脚手架高度超过30m,分值为100,其他按线性内插法取值。

(11)气候环境条件 X_{41},气候环境条件主要考虑风荷载、雪荷载对临时结构安全及水对支架基础承载力影响。评估时根据施工期间是否会涉及冬季、夜间、雷雨天等不良天气,以及可能的影响情况进行综合判断。

(12)作业场地秩序 X_{42},高大模板、大体积混凝土现场浇筑作业时的风险与作业场地秩序的好坏相关,作业场地秩序越好更有利于现场作业和风险管控,评估时根据施工现场平面布置及现场察看由评估组综合确定。

(13)施工干扰 X_{43},施工现场存在大量交叉作业、施工相关车辆频繁来往,对施工场地干扰性大,增加了安全管控的不确定因素,不利于现场作业管理,评估时根据施工组织安排、施工现场平面布置及现场察看由评估组综合确定。

(14)施工区附近管线等障碍物 X_{44},施工区附近是指施工区及外围500m以内的范围。施工区外围100m范围内为较近,施工区外围100m~500m范围为较远。评估时根据施工工艺以及施工机具的影响范围进行综合判断。

E.5 板桩施工

【解析】 表中各指标取值说明如下。

(1)板桩类型 X_{11},船闸工程闸墙可采用钢板桩、钢筋混凝土板桩结构,按照板桩的材质划分,混凝土板桩施工较为困难,对机械要求高,挤土现象严重,钢板桩施工较混凝土板桩施工风险小。

(2)桩长 X_{12},桩长越长,预制、运输、打桩、接桩等施工风险随之增加,评估时根据桩长按插值法确定。

(3)板桩入土深度 X_{13},按照板桩入土的深浅划分,板桩入土越深,沿轴线垂直度控制难度越大,挤土效应导致沉桩困难越大,对应的施工风险越高。

(4)地基或地层 X_{21},存在覆盖层和硬夹层厚度大、地层软硬不均、持力层倾斜严重、孤石等不良的基础地层条件,易造成打桩受阻、板桩变形、桩身倾斜、桩身扭转等问题,评估时根据桩的类型、地质勘探综合考虑。

(5)地下水条件 X_{22},地下水水位在基础以上常形成底部土体隆起,带水作业对闸室土方开挖及闸底板施工影响较大,混凝土浇筑质量难以保障,影响施工和结构安全,施工风险较高。评估时应根据施工期间地下水位变动情况确定,地下水同一区域不同时期变化的取高值。

(6) 风力条件 X_{31},同本篇附录 A 表 A.1 中的风力条件 X_{35}。

(7) 降水 X_{32},同本篇附录 A 表 A.1 中的降水 X_{31}。

(8) 流速 X_{33},同本篇附录 A 表 A.1 中的流速 X_{32}。

(9) 水位变幅或潮差 X_{34},同本篇附录 A 表 A.1 中的水位变幅或潮差 X_{33}。

(10) 台风或突风 X_{35},同本篇附录 A 表 A.1 中的台风或突风 X_{34}。

(11) 锚定方式 X_{41},多锚施工增加工程量及施工时间,暴露于危险环境中的频繁程度越高,对应的施工风险越大。

(12) 锚定结构 X_{42},不同的锚定结构施工风险不同,锚定叉桩沉桩斜度按要求控制,较锚定板和锚定墙施工难度大,评估时根据采用的锚定结构结合施工组织设计确定。

(13) 接桩工艺 X_{43},板桩接桩次数越多,暴露于危险环境中的频繁程度越高,对应的施工风险越大。

(14) 沉桩方式 X_{44},板桩沉桩方式主要有冲击打入、振动打入或静力压入等方法。振动沉桩与冲击沉桩施工基本相同,冲击锤较振动锤施工操作难度大,施工风险更高。静力压桩利用压桩机桩架自重和配重的静压力将预制桩压入土中,有效减少打桩振动的影响,危险程度低。

(15) 岸坡监测 X_{45},同附录 E 表 E.1 中的监测 X_{44}。

(16) 施工场地周边妨碍物 X_{51},施工场地周边指施工区及外围 500m 以内的范围。评估时根据现场调研、施工区域内的环境条件、沉桩施工工艺以及施工机具的影响范围进行综合判断。

(17) 施工区域 X_{52},作业环境不同,采取的工艺、施工机具不同,水上相对陆上作业条件差,外界影响因素多,施工风险较大。评估时应分析作业环境,结合具体工艺和机械设备综合判断。

E.6 沉井预制与下沉

【解析】 表中各指标取值说明如下。

(1) 沉井类型 X_{11},按照沉井的材质划分,可分为钢沉井、钢筋混凝土沉井,混凝土沉井体积大、重量大,机械施工难度大,危险系数高,结合沉井规模综合评判。

(2) 沉井形状 X_{12},沉井形状与沉井的重心位置及倾斜稳定性有关,异形沉井预制难度大、下沉操作难以控制,易产生倾斜。采取两种以上形状、规格的沉井,取高值。

(3) 沉井高度 X_{13},沉井高度越高,重心位置越高,倾斜稳定性控制难度越大,沉井预制及下沉难度也越大。当沉井高度不大时,尽量采取一次制作下沉,为保证地基及其自身稳定性,采用分阶段预制下沉,评估时按沉井高度采用内插法取值。

(4) 下沉深度 X_{14},按照沉井下沉入土的深浅划分,沉井下沉入土越深,井壁与土间的摩擦力和地层刃脚的反力越大,下沉操作难度越高,施工风险越大。评估时按沉井下沉深度采用内插法取值。

(5) 地质情况 X_{21},按土石坚硬程度、施工开挖的难易将土石划分为六类,一类土为松软土,二类土为普通土,三类土为坚土,四类土为砂砾坚土,五类土为软石,六类土为次坚石,主要考虑沉井下沉施工时的难易情况。评估时可根据地质勘探资料判断,存在不同岩土类型的按就高原则取值。

(6) 地下水条件 X_{22},同本篇附录 E 表 E.3 中的地下水变化 X_{52}。

(7) 地质变化 X_{23},地质变化可能引起突沉或下沉困难,土质差距越大,沉井下沉施工难度越大,施工风险越高。

(8) 气候环境条件 X_{31},同本篇附录 E 表 E.3 中的气候环境条件 X_{32}。

(9) 风力条件 X_{32},同本篇附录 A 表 A.1 中的风力条件 X_{35}。

(10) 地基处理 X_{41},地基承载力不能符合沉井制作和接高稳定要求时,在施工前应进行地基处理。原地基是否进行预先地基处理,消除不稳定的因素,对施工设备的安全以及沉井的施工风险影响较大。评估时根据是否进行了地基处理以及处理的方案进行判断。

(11) 模板形式 X_{42},同本篇附录 E 表 E.4 中的模板形式 X_{31}。

(12) 开挖方式 X_{43},排水法下沉时可选用机械挖土或高压水冲泥等下沉方法。不排水下沉时可选择空气吸泥或机械挖土等下沉方法。遇风化或软质岩层时,可用风镐或风铲进行开挖;在开挖砂砾层时,对大块孤石宜进行钻孔爆破;遇岩层开挖时,宜采用爆破法开挖。采用两种以上开挖方式的,取高值。

(13) 助沉方式 X_{44},沉井下沉困难时,可采用空气幕、触变泥浆、井外高压射水、桩基反压法、压重或接高沉井等方法助沉,采用两种以上助沉方式的,取高值。

(14) 封底方式 X_{45},沉井采用排水法下沉至设计高程,井内土体稳定时可采用干封底;井内土体不稳定或采用不排水下沉时应采用水下封底。水下封底作业风险较大,干封底作业风险较小。

(15) 监测 X_{46},评估时应根据施工期监测的项目是否按照 GB/T 51130、JTS/T 234 要求的监测内容判断,监测指标越多,越有利于掌握结构变形及稳定状态的发展,可事先预警采取工程措施,有效降低施工风险。

(16) 施工场地周边妨碍物 X_{51},同本篇附录 E 表 E.5 中的施工场地周边妨碍

物 X_{51}。

(17)通风照明 X_{52},井内施工通风照明情况良好的,风险越小,反之则越大。

(18)作业场地秩序 X_{53},同本篇附录 E 表 E.4 中的作业场地秩序 X_{42}。

(19)周边环境排水状况 X_{54},沉井下沉施工过程,周边环境排水状况的好坏对沉井的稳定影响较大。不影响沉井施工的,排水状况好;出现井内涌水等现象,排水状况差。

E.7 沉箱出运与安装

【解析】 表中各指标取值说明如下。

(1)沉箱形状 X_{11},沉箱形状与沉箱的重心位置及运输方式有关,异形沉箱出运难以控制,易产生倾斜,施工风险高。采取两种以上形状、规格的沉箱,取高值。

(2)沉箱高宽比 X_{12},沉箱高宽比指沉箱高度与在水面处的宽度之比,沉箱高宽比越大,重心越高,运输及安装发生倾斜的风险也越大。宽度不同时,高宽比取高值。

(3)沉箱吨位 X_{13},沉箱吨位越大,体积和重量越大,运输风险也越高。

(4)地面或滑道坡度 X_{21},气囊移运通道坡度越大,沉箱出运控制难度越大,施工风险越高。

(5)地基条件 X_{22},气囊及轨道移运地基承载力应满足施工荷载的要求,出运场地存在不均匀沉降的,易发生沉箱出运倾斜、失稳。评估时根据运行场地强度和稳定性验算、补强加固以及沉降观测情况综合判定。

(6)风力条件 X_{31},同本篇附录 A 表 A.1 中的风力条件 X_{35}。

(7)波高 X_{32},沉箱出运下水时,波高的大小对沉箱或船舶稳定性影响较大,当波高大于等于 1m 时,不宜进行沉箱的溜放。评估时还应考虑涌浪的影响。

(8)流速 X_{33},沉箱出运下水时,流速的大小对船舶或沉箱的稳定性影响较大,沉箱安装宜在流速小于 1m/s 的工况下作业,控制不好易发生质量和安全事故,流速越小风险越小。

(9)不良天气 X_{34},沉箱出运及安装需要在合适的天气条件下作业,不良天气会对施工船舶的航行与作业带来不良的影响。评估时根据施工期间是否会涉及冬季、夜间、雾天、雷雨天等不良天气,以及天数进行综合判断。

(10)出运工艺 X_{41},采用干坞法出运风险较起重机吊运风险小,采用其他工艺由评估小组根据出运工艺、场地条件、船机设备、机具状态综合评估。

(11)运输方式 X_{42},采用浮船坞或甲板驳运输的方式较浮运风险小,根据采用的运输方式、船机设备、机具状态、作业条件综合评估。

（12）运输距离 X_{43}，考虑水文条件以及施工船舶的性能等因素，运输距离越远，风险越大，根据运输距离判断。

（13）浮游稳定性 X_{44}，定倾高度为定倾中心距沉箱重心的距离。计算沉箱在浮运拖带过程中各不同工况条件下的定倾高度，按内插法计算评估分值。

（14）工期安排合理性 X_{45}，沉箱出运、安装工期合理，则风险小，反之则大。评估时由评估小组根据施工期的长短、是否跨台风季以及跨台风季的时间进行综合判断。

（15）场地布局及周边情况 X_{51}，施工现场管理规范、有序，可有效减少安全事故发生，达到标准化文明施工的，场地秩序好。根据施工现场平面布置与物品堆放秩序、周边有无宿舍区等，由评估组综合评估。

（16）通信环境与设备 X_{52}，在沉箱出运过程中，通过通信设备指挥在各个作业面的操作人员，通信环境与设备的好坏对沉箱出运下水的风险控制影响较大，通信环境无干扰，设备稳定输出无故障为好。

（17）航道航线选择合理性 X_{53}，根据航道水深、航道宽度、沿线暗礁、浅点情况，有无船舶航行、作业，周边有无生产性泊位、通航、靠离泊船舶等情况，由评估组综合确定。

E.8 闸阀门吊运及安装

【解析】 表中各指标取值说明如下。

（1）闸阀门类型 X_{11}，工作闸门和工作阀门按结构形式分类较多，不同结构类型施工难度差别较大，同一工程项目中闸阀门的类型越多，施工风险越高。

（2）闸门节段重量 X_{12}，闸门节段分段安装，重量越大，对起重设备要求越高，吊装风险越大。

（3）闸门封闭孔口面积 X_{13}，闸门封闭孔口面积越大，船闸级别越高，对应工作闸门级别越大，施工技术要求和难度越大，安装风险越高。

（4）闸门形式 X_{14}，闸门类型不同，现场拼装工作量、安装方式、吊装时捆绑方式和起重方式要求不同，结合闸门类型及确定的安装工艺综合评估。

（5）吊装方式 X_{21}，多个起重设备组合吊装需要同步作业，统一指挥，操作难度大，作业风险高，单机吊装相对双机吊装和多机吊装风险小。

（6）吊装设备 X_{22}，陆上吊装的设备主要有汽车吊、履带吊和龙门吊，汽车吊对作业场地要求较高，吊装风险较大，吊装时，综合考虑机械性能和吊装重量。

(7)安装方式 X_{23},闸门结构一次性整体安装时捆绑方式和起重量较大,多次分节段安装吊物尺度、重量相对较小,安装风险相对较低。

(8)设备富余度 X_{24},当吊物的重量达到起重设备额定起重能力的 90% 及以上,应进行试吊;闸门吊装风险与吊装设备的富余度相关,富余度越大风险越小。评估时根据设备起重重量的富余度和性能状态,由评估组综合评估,设备性能好、使用年限短、日常维护好,则风险小。

(9)起吊高度 X_{25},大型构件重量和尺寸大,吊运高度越高危险系数越大,存在空中转角情况,风险程度加剧。

(10)运输方式 X_{26},分段制作的门体在运输、堆放和安装过程中,容易发生构件变形和运输风险。特殊运输为常规运输方式以外的运输方式,如超限运输。评估时根据运输设备、运输路线、节段尺寸综合判断。

(11)突风 X_{31},评估时根据突风的年平均次数划分,施工不在突风季节可以降低取值。

(12)施工干扰 X_{32},同本篇附录 E 表 E.4 中的施工干扰 X_{43}。

(13)作业场地秩序 X_{33},同本篇附录 E 表 E.4 中的作业场地秩序 X_{42}。

(14)通视情况 X_{34},当吊装工处于司机看不见的位置时,为确保操作信号的联系性,指挥人员必须将信号传送给司机,使用视觉或听觉信号。现场通视情况的好坏与吊装作业风险相关,通视情况越好风险越小,评估时根据施工现场吊装机械位置由评估组综合确定。

E.9 拆除施工

【解析】 表中各指标取值说明如下。

(1)拆除内容 X_{11},拆除结构的形式、类别,包括水工结构建筑物、金属机电结构等。拆除内容越多、结构越复杂、作业量越大,暴露于危险环境的频繁程度越高,多种结构联合拆除取高值。

(2)拆除建筑物等级 X_{12},按工程等别、工程规模划分不同的建筑物等级。建筑物等级越高,其工程等别及工程规模越大,拆除施工所需的机械设备、人员投入相应增加,暴露于危险环境的频繁程度越高,发生事故可能性越大。

(3)拆除高度 X_{13},结构高度越高,拆除难度越大,高处作业风险越高。

(4)吊物重量 X_{14},按吊物最大重量判断,重量越大危险系数越大,存在空中转角情况,风险程度加剧。

(5)拆除方式 X_{21},拆除方式主要有人工拆除、机械拆除、爆破拆除和静力拆除等,爆破拆除安全要求高,水上爆破拆除作业风险较大,人工配合机械拆除主要防范物体打击和机械伤害风险。使用两种及以上拆除方式的,取高值。

(6)吊装方式 X_{22},陆上吊装、转运受限条件较多,施工现场存在交叉作业,现场管理不当易发生安全事故,陆上吊运风险较大。使用两种吊装方式的,取高值。

(7)施工顺序合理性 X_{23},建筑物拆除应采用自上而下、逐层分段、先水上后水下的拆除方法,合理的拆除顺序有利于结构稳定及作业人员安全,有效降低风险事件的发生,评估时根据施工组织设计确定的拆除工艺结合实际情况进行评估。

(8)工期安排合理性 X_{24},拆除施工工期安排主要考虑是否涉及不良天气作业(雾、雨、雪天或大风天气),评估时根据施工进度计划安排和实际情况确定。

(9)施工区域 X_{31},同本篇附录 E 表 E.5 中的施工区域 X_{52}。

(10)施工水深 X_{32},水域水深越深,拆除施工对应的风险也越大,施工作业的条件要求也越高。评估时应综合评估天然水深或开挖后水深,二者取大值。

(11)与周边构筑物距离 X_{33},各种爆破对不同类型建筑物和其他保护对象的安全允许距离,应根据地震波、冲击波和飞散物 3 种爆破效应分别计算并取其最大值。评估时,爆破活动与其他保护构筑物的最小安全距离,按爆破设计时确定的爆点到附近人员、设备、建筑物及井巷等的最小安全距离判断。

(12)破碎场地 X_{34},拆除的构件应及时运至指定地点,破碎场地受限、紧邻周边构筑物时,运输和破碎施工风险较高,飞溅的块石对周边构筑物影响较大,评估时结合施工场地平面布置及现场情况由评估组综合确定。

(13)不良天气 X_{35},拆除施工需要在合适的天气条件下作业,雾、雨、雪天或风力大于等于 6 级的天气,应停止露天拆除作业。评估时根据施工期间是否会涉及冬季、夜间、雾天、雷雨天等不良天气,以及天数进行综合判断。

(14)邻近建筑物使用情况 X_{36},邻近建筑物主要考虑邻近枢纽、船闸、厂房、电站、桥梁、道路等建筑物的使用情况,邻近建筑物在正常使用情况下,施工环境受外界干扰大,外部致险因素相对较多,不利于风险管控,发生风险事件可能性大。

(15)资料完整性 X_{41},拟拆除构筑物可能危及比邻建筑,其资料完整性与施工工艺选择、采取的施工风险控制措施关系较大。资料完整性从设计图纸、维修、检修资料、使用保养记录及其他建设、使用资料方面进行综合判断。

(16)结构稳定性 X_{42},根据拆除建筑物主体结构现状,主体结构不稳定,拆除施工时结构物坍塌、垮塌风险较大,发生事故的可能性高;主体结构稳定,拆除施工时结构物坍塌、垮塌风险相对较小,发生事故的可能性低。

附录 F 安全管理评估指标体系

【解析】 同第三篇附录 F 表 F.1 安全管理评估指标体系。

第6篇 项目案例

1 港口工程

1.1 工程概况

1.1.1 建设规模

某码头泊位工程水工结构建设规模为10万吨级(可满足同时靠泊两艘1万吨级化学品船)。码头采用离岸式布置,泊位长度为330m,由1个工作平台和2个系缆平台组成。码头通过栈桥与后方陆域连接,栈桥长394m。码头与栈桥结构平面图见图(本解析省略)。

1.1.2 结构复杂程度

本码头泊位工程工作平台位于泊位中部,尺寸为218m×42.5m,采用高桩梁板结构,顶面高程+10.0m。工作平台共分3个结构分段,单个结构分段长分别为76m、66m和76m,结构分段排架间距10m,共计20跨23排,每榀排架桩基由5根直径1.8m的钻孔灌注桩组成,桩端持力层为强风化花岗岩。桩顶上部现浇桩帽,码头上部结构由横梁、纵梁、钢筋混凝土叠合板、磨耗层构成。码头结构断面图见图(本解析省略)。

码头工作平台两侧各布置1座系缆平台,单个系缆平台尺寸为56m×19.5m,采用高桩梁板结构,顶面高程+10.0m。单个系缆平台为1个结构分段,排架间距为10m,共计5跨6排,每榀排架桩基由1根直径1.8m的钻孔灌注桩和2根直径1.2m的钻孔灌注桩组成,桩顶上部现浇桩帽,上部结构由横梁、纵梁、钢筋混凝土叠合板和磨耗层组成。在系缆平台前沿侧利用横梁扩大设置尺寸为3.5m×3.4m的系缆小平台,小平台顶面高程+8.5m,上设2×1500kN快速脱缆钩。

栈桥中心线长394m,宽16m,桥面高程+10.0m。栈桥共分7个结构段,其中4个标准排架分段(结构段二~结构段五)长度均为65m,靠近陆域分段(结构段一)长度64m,靠近码头平台分段(结构段七)长度50m,结构段六分段长度20m。结构段一由两部分组成,其中靠近结构段二位置采用高桩墩台结构(现浇墩台一),墩台基础采用9根直径1.2m的灌注桩,墩台厚度2m;靠近陆域部分部位采用高桩梁板式结构,排架间距12m,共计3跨4排,单个排架基础采用3根1.2m的灌注桩;墩台与排架之间通过布置预制空心板简支连接。结构段七由三部分组成,其中靠近码头平台位置及消控楼位置采用高桩墩台结构(分别为现浇墩台四及现浇墩台三)。现浇墩台四基础采用9根直径1.2m的灌注桩,墩台厚度2m;现浇墩台三与结构段六(现浇墩台二)组成消控平台,消控平台基础采用24根直径1.5m的灌注桩,墩台厚度2.5m。现浇墩台四与现浇墩台三之间通过布置两跨预制空心板简支连接,排架基础采用3根1.2m的灌注桩。栈桥其余4个结构分段(结构段二~结构段五)采用高桩梁板式结构,排架间距12m,共计20跨24排。单个排架基础采用3根1.2m的灌注桩,桩端持力层为强风化花岗岩。上部结构由桩帽、横梁、预制钢筋混凝土预应力空心板及现浇层组成。栈桥面设置管廊区及通道区。栈桥结构断面图见图(本解析省略)。

1.1.3 地形地质条件

本码头拟建地点陆域勘探区属滨海堆积滩涂地貌单元,海滩潮间带范围较窄,滩地多为淤泥质海滩。海湾浅海区为海积地貌,地表多为淤泥所覆盖。场地滩涂带整体上呈小坡度倾向大海,往下的水域区地面有一定的起伏。

港址区域处于东南沿海大陆边缘,以发育北东向的韧性剪切带和断裂构造为主要特征。断裂构造是本区最主要的构造行迹,褶皱少见且规模小。据区域地质资料、场地及附近未见明显的活动性地质构造形迹,地质构造相对稳定。但受区域地质构造影响,岩石风化厚度普遍较大。区内地层较简单,以人工填土层(Q_4^{ml})及覆盖第四纪全新统海陆交互沉积层(Q_4^{mc})为主,其下为残积层(Q^{el}),全区底部基岩为燕山晚期侵入的花岗岩[$\gamma_{52}(3)$]。沉积物分布主要有淤泥、粉质黏土、中砂。场地下部基岩各风化层根据风化程度可分为全风化层、强风化层、中风化层。各土层设计主要参数值见图表(本解析省略)。

1.1.4 气象水文条件

地区属亚热带海洋性气候,受季风环流的影响,多年平均气温在20.7℃~21.0℃之间。本湾每年春季3—5月多雾,夏秋冬季(6—11月)很少出现雾,尤其是7—10月几乎不出现雾,能见度小于或等于1km的年平均雾日数为5.9d。

本地区冬季盛行偏北风,夏季多为偏南向风,多年平均风速为2.0m/s~4.1m/s。全年常风向NE向,频率28%;强风向为NE向,最大风速为17.0m/s,平均风速为4.1m/s。台风为本地区主要灾害性天气,7—9月为台风季节。据统计,在该地区沿海登陆的台风每年约2.6次。

该海域属强潮海区,潮汐属于正规半日潮。最大潮差7.59m,最小潮差2.22m,平均潮差5.11m。工程的掩护条件较好,主要受S-SW-W向范围的有限风区浪影响,因风区长度有限,总体上波浪较小,其中S向水域相对开阔,吹程较长,波浪相对略大。设计高水位50年一遇的波要素$H_{4\%}$为2m,实测最大流速1.03m/s。

1.1.5 周边环境

码头附近海域现有和在建一条主航道及多条支航道,其中与一条支航道最近距离为 450m;海域共有 10 个锚地,锚地总面积 28.98km^2。码头所在作业区目前港口岸线处于天然状态,尚无已建、在建的泊位。距离较近的为距离 2400m 的十万吨级液化天然气专用码头和距离 3300m 的铁矿石码头。本工程平面位置见图(本解析省略)。

注:文字表述和图中应将项目周边码头,航道,有易燃易爆、有毒有害的管线,储罐、设施等尽量标识出。

1.1.6 施工工艺

码头施工总体思路为停泊水域疏浚先行(先进行码头施工区水下开挖,再进行其他施工区水下施工)、构件预制和栈桥同步推进、码头结构尽早开展施工。码头结构总体施工方向从远端向栈桥侧后推,栈桥总体施工方向从近岸向码头侧推进。施工修建贯通整个栈桥和码头的临时通道,并根据总体施工方向搭建灌注桩施工平台,桩机多点多面施工,结构逐跨流水作业。

注:总体风险评估时以介绍施工组织设计为主,专项风险评估时应尽可能收集各作业活动的施工方案并加以详细介绍。

1)疏浚炸礁工程

采用绞吸船挖除上部覆盖层,抓斗船挖黏土、松动岩石(采用重型抓斗船),炸礁船炸散体状强风化花岗岩,最后抓斗挖泥船清理。总体上先尽快完成停泊水域的疏浚炸礁,然后再进行其他区域的疏浚施工。

2)预制场

预制场设置在码头后方,布置一条生产线,预制构件达到强度后移存至堆存区,根据栈桥及码头的施工进度进行安装。预制混凝土由自建搅拌站制备,通过罐车运至预制区,采用吊罐浇筑。

3)栈桥施工

在栈桥东侧搭设与栈桥通长的 6m 宽施工通道及 4m 宽灌注桩施工平台。栈桥部分灌注桩由岸侧向海侧推进,按一排 3 根桩设计桩基施工平台,完成一排桩后,凭借栈桥施工通道依次进行现浇下横梁/现浇墩台施工,施工平台和桩机周转到下一排桩施工。待下横梁验收合格后,采用架桥机架设箱梁,然后分幅进行栈桥面层施工。墩台浇筑采用一次性铺设底膜,整体现浇成型。

4)泊位码头施工

贯通码头搭建宽 6m 的临时栈桥,灌注桩工作平台部分采用冲击钻成孔工艺,铺灌注桩施工平台,周转使用。系缆平台采用冲击钻成孔工艺,多台钻机多点施工。灌注桩从西向东逐跨施工完成后,逐跨拆除灌注桩平台,夹桩,铺设围囹槽钢,架桥机安装靠船构件,先浇筑桩帽至下横梁底面,待混凝土强度达到要求后浇筑下横梁和剩余部分桩帽。预制纵梁采用平板车运输,架桥机由中间向两侧安装纵梁,浇筑上横梁、安装面板、浇筑面层,最后逐段浇筑和安装各类附属设施。

1.2 施工安全总体风险评估

1.2.1 建立评估指标体系

评估小组采用指标体系法对本工程开展总体风险评估,评估时,结合工程实际情况,参考《指南》第5部分附录A沿海码头工程总体风险评估指标体系,从工程复杂程度、施工环境、地质条件、气象水文、资料完整性建立本工程项目的评估指标体系如下表(本解析省略)。

1.2.2 重要性排序法确定权重系数

评估组通过集体讨论等方式,采用重要性排序法,选取与本码头工程安全风险关联度最高的13个评估指标,见表6-1-1。

总体风险评估指标权重系数 表6-1-1

序号	项 别	评估指标
1		泊位吨级 X_{11}
2		基槽与岸坡开挖 X_{12}
3	工程复杂程度 X_1	基础工程 X_{13}
4		码头结构形式 X_{14}
5		码头上部结构工程 X_{15}
6	施工环境 X_2	工程水域掩护条件 X_{21}
7		工程施工场地周边妨碍物 X_{24}
8	地质条件 X_3	码头施工区域地质 X_{32}
9		台风或突风 X_{41}
10		风力条件 X_{42}
11	气象水文 X_4	浪高 X_{43}
12		潮差 X_{44}
13		潮流 X_{45}

注:该表为示意表,评估时应根据具体项目确定。

评估组根据评估指标与事故发生可能性以及事故后果严重程度(优先考虑人员伤亡)的相关性,对各个评估指标进行综合评判,采用《指南》推荐的重要性排序法,通过集体讨论等方式,将各评估指标按重要性从高到低依次进行排序,权重系数计算公式如下所示:

$$\gamma = \frac{2n - 2m + 1}{n^2} \tag{6-1-1}$$

式中:γ——权重系数;

n——评估指标项数;

m——重要性排序号,$m \leqslant n$。

根据式(6-1-1)得到总体风险评估指标权重系数,见表6-1-2。

总体风险评估指标权重系数　　　　　　　　表6-1-2

项　　别	评　估　指　标	重要性排序	权重系数
工程复杂程度 X_1	泊位吨级 X_{11}	6	0.09
	基槽与岸坡开挖 X_{12}	7	0.08
	基础工程 X_{13}	1	0.15
	码头结构形式 X_{14}	3	0.12
	码头上部结构工程 X_{15}	2	0.14
施工环境 X_2	工程水域掩护条件 X_{21}	13	0.01
	工程施工场地周边妨碍物 X_{24}	8	0.06
地质条件 X_3	码头施工区域地质 X_{32}	4	0.11
气象水文 X_4	台风或突风 X_{41}	5	0.10
	风力条件 X_{42}	12	0.02
	浪高 X_{43}	11	0.03
	潮差 X_{44}	9	0.05
	潮流 X_{45}	10	0.04

注:该表为示意表,评估时应根据具体项目确定。

1.2.3　确定码头总体风险评估等级

施工安全总体风险评估分值按下列公式计算确定:

$$F_r = \sum X_{ij} = \sum R_{ij} \times \gamma_{ij} \tag{6-1-2}$$

式中:F_r——总体风险评估分值;

X_{ij}——评估指标的分值,$i = 1,2,3,4,5, j = 1,2\ldots\ldots n$,$n$ 为对应第 i 个项别包括的评估指标的数量;

R_{ij}——评估指标的基本分值;

γ_{ij}——评估指标的权重系数。

计算得出 F_r 后,对照指标体系法总体风险分级标准确定施工安全总体风险等级。

评估组根据本码头泊位工程实际情况,参照《指南》第 5 部分附录 A 沿海码头工程总体风险评估指标体系,依次对评估指标进行取值。对于定量指标,采用插值法计算指标的具体取值,对于定性指标,则综合考虑实际情况,在取值区间范围内进行估测取值,结合每个指标的权重系数,最终得到每个指标的评估分值,如表 6-1-3 所示。

总体风险评估分值　　　　　　　　　　　　　　　表 6-1-3

项别	评估指标	分　级	基本分值(R_{ij}) 分值范围	取值	权重系数 (γ_{ij})	评估分值 (X_{ij})	赋　值　说　明
工程复杂程度 X_1	泊位吨级 X_{11}	大于 30 万吨	75～100	25	0.09	2.25	本码头水工结构泊位为 10 万吨级
		20～30 万吨	50～75				
		10～20 万吨	25～50				
		小于 10 万吨	0～25				
	基槽与岸坡开挖 X_{12}	岸坡开挖	75～100	50	0.08	4	水下边坡稳定性较差
		水下基槽开挖	50～75				
		陆上基槽开挖	0～50				
	基础工程 X_{13}	爆破夯实	75～100	60	0.15	9	本码头基础工程采用灌注桩和钢管桩沉桩两种,取高值
		灌注桩、嵌岩桩、地下连续墙施工	50～75				
		预制桩沉桩	25～50				
		水下基槽抛石、重锤夯实、整平	0～25				
	码头结构形式 X_{14}	混合形式码头、新形式码头	75～100	50	0.12	6	本次码头结构形式为高桩码头
		大圆筒、沉箱码头、板桩码头	50～75				
		高桩码头	25～50				
		方块码头	0～25				
	码头上部结构工程 X_{15}	临水作业现浇混凝土构件	75～100	80	0.14	11.2	临水作业现浇桩帽、现浇横梁、现浇墩台等,以及临水作业构件安装,取高值
		临水作业预制构件安装	50～75				
		非临水作业预制构件安装	25～50				
		非临水作业现浇混凝土构件	0～25				

续上表

项别	评估指标	分级	基本分值(R_{ij}) 分值范围	取值	权重系数(γ_{ij})	评估分值(X_{ij})	赋值说明
施工环境 X_2	工程水域掩护条件 X_{22}	开敞式	75~100	35	0.01	0.35	地处海湾内侧,掩护条件较好
		半开敞式	50~75				
		掩护条件较好	25~50				
		掩护条件好	0~25				
	工程施工场地周边妨碍物 X_{24}	周边有易燃易爆、有毒有害管线、储罐、设施等	75~100	50	0.06	3	周边有通航船舶
		周边有生产泊位、通航、靠离泊船舶	50~75				
		周边有养殖区、易受影响建筑物	25~50				
		周边无其他影响施工安全的妨碍物	0~25				
	码头施工区域地质 X_{32}	重力式码头地基有突变;桩基码头覆盖层薄或持力层倾斜较大或存在较多孤石	75~100	70	0.11	7.8	覆盖层不够厚,部分区域存在孤石,基岩起伏较大
		地基不均匀,重力式码头地基无突变;桩基码头覆盖层不够厚或需穿过硬土层或软硬土层交错	25~75				
		地基均匀	0~25				

续上表

项别	评估指标	分级	基本分值(R_{ij})		权重系数 (γ_{ij})	评估分值 (X_{ij})	赋值说明
			分值范围	取值			
气象水文 X_4	台风或突风 X_{41}	大于3次	75~100	65	0.10	6.5	根据统计,区域年平均台风为2.6个
		2~3次	50~75				
		1~2次	25~50				
		小于1次	0~25				
	风力条件 X_{42}	大于60d	75~100	20	0.02	0.4	全年≥6级风的日数平均为17d
		40d~60d	50~75				
		20d~40d	25~50				
		小于20d	0~25				
	浪高 X_{43}	大于5m	75~100	25	0.03	0.75	本工程区域设计高水位五十年一遇的波要素$H_{4\%}$为2m
		3.5~5m	50~75				
		2~3.5m	25~50				
		小于2m	0~25				
	潮差 X_{44}	大于6m	75~100	60	0.05	3	平均潮差5.11m
		4.5m~6m	50~75				
		3m~4.5m	25~50				
		小于3m	0~25				
	潮流 X_{45}	大于2.0m/s	75~100	51	0.04	2.04	表层实测最大流速1.03m/s
		1.0m/s~2.0m/s	50~75				
		0.6m/s~1.0m/s	25~50				
		小于0.6m/s	0~25				

注:该表为示意表,已略去多余的评估指标项,评估时应根据具体项目确定。

由上表计算得出,本码头泊位工程总体风险值 $F_r = 56.19$ 分,对照指标体系法施工安全总体风险分级标准,在 $50 \leq F_r < 60$ 区间,其风险等级为Ⅲ级(较大风险)。

1.2.4 总体风险评估结论

(1)本码头总体风险值 $F_r = 56.19$ 分,其风险等级为Ⅲ级(较大风险)。

(2)重要性指标清单(采用指标体系法时应提出)。

从评估过程可知,影响本项目码头总体风险大小的主要因素有台风或突风、码头结构形式、码头上部结构工程等,见表6-1-4。

影响本项目码头施工安全重要性指标清单　　　　表 6-1-4

序　号	重要性指标清单
1	码头上部结构工程
2	基础工程
3	码头施工区域地质
4	台风或突风
5	码头结构形式

注：该表为示意表，评估时应根据具体项目确定。

（3）专项风险评估对象

根据本项目总体风险评估结果，建议本项目开展施工安全专项风险评估对象（重大作业活动）见表6-1-5。

施工安全专项风险评估对象建议清单　　　　表 6-1-5

序号	专项风险评估对象建议清单
1	施工平台及栈桥的搭设与拆除
2	水上沉桩施工
3	水上灌注桩施工
4	构件水上吊运及安装（轨道梁与纵梁、面板、靠船构件）
5	水上现浇作业（桩帽、横梁、墩台）

注：该表为示意表，评估时应根据具体项目确定。

1.2.5　风险控制措施建议

1）风险接受准则

根据风险评估结果与接受准则，提出风险控制对策，如表6-1-6所示。

总体风险接受准则与控制措施　　　　表 6-1-6

风险等级	接受准则	控　制　措　施
等级Ⅰ（低风险）	可忽略	维持日常安全生产管理工作，不需采取附加的风险防控措施
等级Ⅱ（一般风险）	可接受	需采取风险防控措施；加强安全管理力量，严格日常安全生产管理工作
等级Ⅲ（较大风险）	不期望	应采取措施降低风险；采取加大安全管理力量投入、强化安全资源配置、选择有经验及自控能力强的施工单位，增加工程保险投保等措施

续上表

风险等级	接受准则	控 制 措 施
等级Ⅳ(重大风险)	不可接受	应采取一整套的措施降低风险;采取优化工程设计方案或设计阶段的施工指导方案、高度重视项目的后续组织实施、加大安全管理力量和资金投入、强化安全资源配置、选择有经验及自控能力强的施工单位、增加工程保险投保等措施

2)风险控制措施建议

重点提出风险控制的方向与总体思路,以及安全管理力量投入、资源(财、物)配置、施工单位选择的建议。总体风险评估结论可为建设单位的项目组织实施、安全管理力量投入、资源配置、施工单位选择、工程保险投保等方面决策提供支持,提出的专项风险评估对象建议可作为专项风险评估的依据之一。

(1)总体风险控制措施及建议应具体化,不应太泛(用在任何项目都适用)。在本项目中,可建议建设单位:①适度增加安全费用的取费比例;②在招标时,对施工单位的资质、船机、设备提出要求,可根据桩长要求打桩船桩架高度,根据构件最大重量要求吊机起重重量,根据施工区域岩石硬度要求嵌岩桩施工和灌注桩施工设备及稳桩措施;根据进度要求可要求采用全平台施工方案;③防台方面的建议,如施工季节的选择,以及应急物资的配备等等。

(2)没有必要在总体评估中对具体施工作业活动提措施,具体施工作业活动应通过专项风险评估的情况有针对性地提出。

1.3 施工安全专项风险评估

1.3.1 风险辨识与风险分析

风险辨识与风险分析是风险评估的基础,风险辨识与风险分析包括5个步骤:工程资料的收集整理、施工现场地质水文条件和环境条件的调查、施工队伍素质和管理制度调查、施工作业程序分解和风险事件辨识、致险因素及风险事件后果类型分析。

1)施工作业程序分解和风险事件辨识

评估小组参照《指南》第5部分附录B,结合《水运工程质量检验标准》(JTS 257—2008)和本工程施工组织设计文件所确定的施工工艺,将工程施工内容按照"单位工程—分部工程—分项工程(作业环节)—施工工序"的层次进行分解,从而将施工过程划为不同的作业活动,并熟悉各作业活动的主要工序、施工方法、作业内容、机械设备和建筑材料等特点。为方便风险评估,本项目施工作业活动分解如

表6-1-7所示(表中所列仅为示意)。

某泊位工程(含栈桥)施工作业活动分解表　　　表6-1-7

序号	单位工程	分部工程		作业活动	
		序号	名称	序号	名称
1	泊位码头(栈桥)	1.1	桩基	1.1.1	灌注桩施工
		1.2	上部结构	1.2.1	现浇桩帽
				1.2.2	现浇横梁
				……	……
				1.2.8	纵梁安装
				N	……
		1.3	停靠船与防护设施	1.3.1	现浇护轮坎
				1.3.2	护舷安装
				N	……
		1.4	栈桥	1.4.1	灌注桩施工
				1.4.2	防撞钢管桩沉桩
				N	……
2	停泊水域	—	—	2.1.1	停泊水域疏浚
3	回旋水域	—	—	3.1.1	回旋水域疏浚
		—	—	3.1.2	回旋水域炸礁

注:该表为示意表,评估时应根据具体项目确定。

在施工作业程序分解的基础上,通过现场勘察及现场调研、评估小组分析讨论及工程类比等方式,参照《指南》第5部分附录C,对施工作业活动进行全面辨识,确定施工过程中各作业活动存在的风险分布及类型,见表6-1-8。

某泊位工程(含栈桥)作业活动风险事件辨识清单　　　表6-1-8

序号	作业活动	风险事件类型
1	灌注桩施工	淹溺、触电、坍塌、机械伤害、起重伤害、车船伤害、物体打击等
2	现浇桩帽	淹溺、高处坠落、触电、坍塌、机械伤害等
……	……	……
8	纵梁与轨道梁安装	淹溺、物体打击、垮塌、起重伤害、机械伤害等
N	……	……

注:该表为示意表,评估时应根据具体项目确定。

2)致险因素及风险事件后果类型分析

本项目评估小组结合风险辨识,通过讨论,利用鱼刺图法进行致险因素及风险事件后果类型分析。从人的不安全行为和物的不安全状态按照的"人、机、料、法、环"等方面分析致险因素，从人员伤亡和直接经济损失等方面分析风险事件后果类型，形成风险辨识与风险分析表，如表6-1-9所示。

风险辨识与风险分析表(部分作业活动)　　　　表6-1-9

作业活动	风险事件类型	致险因素		风险事件后果类型					
		物的不安全状态	人的不安全行为	受伤害人员类型		人员伤亡		直接经济损失	……
				作业人员	周边人员	轻伤	重伤	死亡	
作业活动1	……	……	……						……
灌注桩施工	淹溺	(1)施工平台湿滑，平台或空洞防护栏缺失或固定不牢固；(2)夜间作业照明不足；(3)台风、突风等恶劣天气	(1)临水作业未穿救生衣；(2)台风、突风等恶劣天气应对不当；(3)安全意识不足	√	√	√		√	
	触电	(1)电线老化、破损；(2)设备未接地；(3)漏电保护装置失灵	(1)非电工无证上岗；(2)个人防护意识差	√	√		√	√	……
	物体打击	(1)防护措施不到位；(2)作业面工具、材料堆放不规范；(3)桩架上部件固定不牢固	(1)在危险区域行走、停留；(2)作业人员违章操作或操作失误	√	√	√	√	√	
	坍塌	(1)基础承载力不足；(2)支护结构强度不够；(3)结构稳定性不足	(1)未按施工方案要求施工；(2)偏移、沉降情况监测不到位	√	√	√	√	√	
	起重伤害	(1)钢丝绳断裂；(2)吊点不牢固；(3)限位器失灵	(1)违章操作或操作失误；(2)无人指挥或指挥不当；(3)设备维护不及时	√	√	√	√	√	
	车船伤害	(1)水泥搅拌车故障；(2)施工栈桥或平台湿滑；(3)天气情况不良，能见度差	(1)违章操作或操作失误；(2)无人指挥或指挥不当；(3)自我保护意识差	√	√	√	√	√	
	机械伤害	(1)设备带病作业；(2)设备本质安全防护不当	(1)违反操作规程或操作失误；(2)自我保护意识差	√	√	√	√	√	
作业活动N	……	……	……						……

1.3.2 风险估测

1) 作业活动划分

评估小组对照《指南》第 5 部分附录 D 常见重大作业活动清单,结合风险辨识与风险分析结果,经讨论形成一般作业活动和重大作业活动清单,如表 6-1-10 所示。

本项目作业活动清单　　　　　　　　　　表 6-1-10

序号	一般作业活动	重大作业活动
1	停泊水域疏浚	回旋水域炸礁
2	回旋水域疏浚	水上沉桩施工
3	纵梁、靠船构件、面板预制	临时便桥、平台架设与拆除
4	预应力轨道梁预制	水上灌注桩施工
5	现浇面层施工	现浇桩帽
6	……	现浇横梁
7	护舷安装	纵梁、轨道梁安装
8	……	靠船构件安装
N	……	……

注:该表为示意表,评估时应根据具体项目确定。

2) 一般作业活动估测

在风险辨识与风险分析的基础上,经过评估小组讨论,本项目评估采用 LEC 法估测各项一般作业活动的风险,如表 6-1-11 所示。

一般作业活动 LEC 法风险估测表　　　　　　　　　　表 6-1-11

一般作业活动	工序或作业环节	风险事件	发生事故可能性大小	L 值	暴露在危险环境的频繁程度	E 值	发生事故造成的损失后果	C 值	D 值
作业活动 1	……	……	……	……	……	……	……	……	……
纵梁、靠船构件、面板预制	钢筋制作与绑扎	触电	可以设想,不太可能	0.5	每天工作时间暴露	6	1~2 人死亡	15	45
		机械伤害	可能,但不经常	3	每天工作时间暴露	6	有伤残	3	54
		物体打击	可能,但不经常	3	每天工作时间暴露	6	有伤残	3	54
	……	……	……	……	……	……	……	……	……
	混凝土拌和与采用吊罐浇筑	触电	可以设想,不太可能	0.5	每天工作时间暴露	6	1~2 人死亡	15	45
		机械伤害	完全意外,可能性小	1	每天工作时间暴露	6	1~2 人死亡	15	90
		车船伤害	完全意外,可能性小	1	每天工作时间暴露	6	严重伤残	7	42
		起重伤害	完全意外,可能性小	1	每天工作时间暴露	6	严重伤残	7	42
	……	……	……	……	……	……	……	……	……

续上表

一般作业活动	工序或作业环节	风险事件	发生事故可能性大小	L 值	暴露在危险环境的频繁程度	E 值	发生事故造成的损失后果	C 值	D 值
……	……	……	……	……	……	……	……	……	……
作业活动 N	……	……	……	……	……	……	……	……	……

注:该表为示意表,评估时应根据具体项目确定。

以风险描述方式将各一般作业活动的风险估测情况汇总如表 6-1-12 所示。

一般作业活动风险估测情况汇总表　　　　表 6-1-12

一般作业活动	风险描述	理　由
一般作业活动 1	……	……
纵梁、靠船构件、面板预制	存在以下风险事件,按风险大小顺序排列为:起重伤害、机械伤害、物体打击、车船伤害、触电等风险事件	钢筋制作与绑扎存在机械伤害、物体打击、触电的风险;模板安装与拆除存在起重伤害的风险;混凝土拌和与采用吊罐浇筑存在机械伤害、触电、车船伤害、起重伤害的风险;振捣棒使用时存在触电的风险;构件场内转运和堆存存在起重伤害、车船伤害、物体打击的风险
预应力轨道梁预制	存在以下风险事件,按风险大小顺序排列为:起重伤害、物体打击、机械伤害、车船伤害、触电等风险事件	同上,增加预应力筋张拉存在物体打击风险
一般作业活动 N	……	……

注:该表为示意表,评估时应根据具体项目确定。

3)重大作业活动风险估测

(1)安全管理因素。

根据《指南》第 5 部分附录 F,对项目安全管理评估指标体系进行评估,项目安全管理评估如表 6-1-13 所示。

本项目安全管理评估表　　　　表 6-1-13

评估指标	分　级	分值	取值	说　明
总包企业资质 A	二级	2	1	该项目施工企业资质等级为一级
	一级	1		
	特级	0		

续上表

评估指标	分级	分值	取值	说明
有无专业分包 B	有分包	1	1	该项目存在专业分包
	无分包	0		
有无劳务分包 C	有分包	1	1	该项目存在劳务分包
	无分包	0		
作业班组经验 D	无经验	2	0	该项目特种作业人员、一线施工人员有三个及以上项目的作业经验
	有一定经验	1		
	经验丰富	0		
项目技术管理人员经验 E	无经验	2	0	该项目管理人员和专业技术人员具有3次及以上的港口工程建设经验;人员无变更
	有一定经验	1		
	经验丰富	0		
项目安全管理人员配备 F	不满足要求	2	0	"企业负责人(A类)、项目负责人(B类)、专职安全员(C类)"三类人的持证人员数量、在岗情况均合格
	满足要求	0		
安全生产费用 G	不符合规定	2	0	安全生产费用投入符合规定
	基本符合规定	1		
	符合规定	0		
船机设备配置及管理 H	船机设备配置不满足合同要求	2	0	按合同要求配置船机设备,建立完善的船机管理体系、制度,管理及维护工作得到有效落实。
	船机设备配置满足合同要求,但无建档台账或缺日常管理维护	1		
	船机设备配置满足合同要求,台账建档完备,管理、维护到位	0		
专项施工方案 I	未履行审批程序或针对性、可操作性较差	2	0	危险性较大分部分项工程的专项施工方案和施工临时用电专项方案等专项施工方案针对性、可操作性强
	针对性、可操作性一般	1		
	针对性、可操作性强	0		
企业工程业绩 J	无	2	0	施工企业有5个类似工程的施工经验,且企业3年内无事故发生
	同类工程1~2次	1		
	同类工程3次及以上	0		
企业信用评价等级 K	B级及以下	2	0	上一年度施工企业信用评价等级AA
	A	1		
	AA	0		

注:该表为示意表,评估时应根据具体项目确定。

根据施工企业概况调研,本项目施工企业安全管理评估指标分值为 A + B + C + D + E + F + G + H + I + J + K = 1 + 1 + 1 + 0 + 0 + 0 + 0 + 0 + 0 + 0 + 0 = 3,根据《指南》第 5 部分安全管理评估指标分值与折减系数的对照表,可得折减系数 $\lambda = 0.9$。

(2)水上灌注桩施工风险估测。

本泊位码头桩基为 $\phi1800$mm 灌注桩,栈桥桩基为 $\phi1200$mm 灌注桩。水上灌注桩施工风险事件可能性评估主要基于触电、淹溺、坍塌、高处坠落、机械伤害、物体打击、车船伤害等风险事件类型。

①风险事件可能性。

风险事件发生的可能性根据指标体系法估测,根据《指南》第 5 部分推荐的水上灌注桩施工风险事件可能性评估指标体系,评估小组对指标体系各指标进行分析,对指标体系进行重要性排序,选取 13 个指标,根据权重系数公式计算权重,根据工程实际进行赋值,见表 6-1-14。

水上灌注桩施工风险事件可能性评估指标体系 表 6-1-14

项别	评估指标	分级	基本分值(R_{ij})		权重系数(γ_{ij})	评估分值(X_{ij})	说 明
			分值范围	取值			
桩体因素 X_1	钢护筒深度 X_{11}	部分埋置	50~100	80	0.01	0.8	根据施工方案,钢护筒部分埋置
		全入式	0~50				
	桩长 X_{12}	$L \geq 50$m	75~100	64	0.15	9.6	根据施工方案,桩长在 32.5~43.1m 之间
		35 m $\leq L <$ 50 m	50~75				
		25 m $\leq L <$ 35 m	25~50				
		$L <$ 25 m	0~25				
	直径 X_{13}	$L \geq 2000$mm	75~100	70	0.12	8.4	根据施工方案,项目有 $\phi1800$mm、$\phi1200$mm 两种灌注桩,取大值
		1500mm $\leq L <$ 2000mm	50~75				
		1000mm $\leq L <$ 1500mm	25~50				
		$L <$ 1000mm	0~25				
	桩型 X_{14}	嵌岩桩斜桩	75~100	50	0.03	1.5	全为直桩,桩端持力层为强风化花岗岩,为非嵌岩桩
		嵌岩桩直桩	50~75				
		非嵌岩桩	0~50				

续上表

项别	评估指标	分级	基本分值(R_{ij}) 分值范围	基本分值(R_{ij}) 取值	权重系数(γ_{ij})	评估分值(X_{ij})	说明
地质条件 X_2	成桩地质条件 X_{21}	差	75~100	60	0.14	8.4	根据地质调查报告综合判断,本项目成桩地质条件一般
		一般	50~75				
		较好	25~50				
		好	0~25				
气象水文条件 X_3	风力条件 X_{31}	>60d	75~100	21	0.05	1.1	全年大于6级风的天数平均为17d
		40d~60d	50~75				
		20d~40d	25~50				
		<20d	0~25				
	台风或突风 X_{32}	>3次	75~100	25	0.07	1.8	影响或登陆本区的台风年平均次数约为1次
		2~3次	50~75				
		1~2次	25~50				
		<1次	0~25				
	潮差 X_{33}	>6m	75~100	65	0.04	2.6	平均潮差5.11m
		3m~6m	50~75				
		0~3m	25~50				
		无潮差	0~25				
施工方案 X_4	施工平台 X_{41}	独立平台	50~100	40	0.11	4.4	本项目灌注桩施工为整体平台
		整体平台	0~50				
	成孔方式 X_{42}	冲孔成孔	50~100	40	0.08	3.2	本项目属于钻孔成孔
		钻孔成孔	0~50				
	混凝土输送方式 X_{43}	水上输送	50~100	40	0.02	0.8	本项目混凝土输送方式采用施工栈桥进行陆上输送
		陆上输送	0~50				
	设备性能 X_{44}	设备陈旧、测试性能较差	75~100	40	0.09	3.6	根据调查,本项目采用的设备性能较好
		设备测试性能一般	50~75				
		设备测试性能较好	25~50				
		设备测试性能好	0~25				
	截桩施工平台 X_{46}	非固定式	50~100	40	0.10	4.0	本项目采用固定式截桩施工平台
		固定式	0~50				

注:该表为示意表,评估时应根据具体项目确定。

总分 $R = 50.2 \times 0.9 = 45.18$，参照《指南》第 5 部分中的典型重大致险因素事故可能性等级划分，水上灌注桩作业可能性等级为 4 级(可能)。

③风险事件后果严重程度。

水上灌注桩施工作业，如果发生潜在风险事件，有可能造成暴露在施工作业环境中的 1~2 名作业人员死亡，严重程度属于 2 级(一般)；或可能造成直接经济损失约 60 万元，严重程度属于 1 级(较小)。按照就高原则，水上灌注桩施工作业过程中发生事故造成的严重程度等级为 2 级(一般)。

④风险等级。

根据估测，水上灌注桩施工作业发生施工事故的可能性等级为 4 级(可能)，事故严重程度等级为 2 级(一般)。参照《指南》第 5 部分中的专项风险等级标准，水上灌注桩施工作业活动的风险等级为Ⅲ级(较大风险)。

(3)其他重大作业活动风险估测按照《指南》第 5 部分的要求进行。

(4)通过以上评估，本项目重大作业活动风险等级汇总如表 6-1-15 所示。

重大作业活动风险等级汇总表 表 6-1-15

序号	重大作业活动	风险事件可能性等级	风险事件后果严重程度			风险等级	评估理由
			人员伤亡	直接经济损失	……	风险事件后果严重程度		
1	回旋水域炸礁	……	……	……	……	……	……	……
2	水上沉桩施工	……	……	……	……	……	……	……
3	临时便桥、平台架设与拆除	……	……	……	……	……	……	……
4	水上灌注桩施工	4 级(可能)	死亡 1~2 人	60 万元	……	2 级(一般)	Ⅲ级(较大风险)	采用风险矩阵法确定风险等级
5	现浇桩帽	……	……	……	……	……	……	……
6	现浇横梁	……	……	……	……	……	……	……
7	纵梁、轨道梁安装	……	……	……	……	……	……	……
8	靠船构件安装	……	……	……	……	……	……	……
9	回旋水域炸礁	……	……	……	……	……	……	……
N	重大作业活动 N	……	……	……	……	……	……	……

1.3.3 风险控制措施建议

1) 风险接受准则

根据风险评估结果与接受准则,提出风险控制对策,如表 6-1-16 所示。

专项风险接受准则与控制措施　　　　　表 6-1-16

风险等级	接受准则	控制措施	分级控制措施			
等级Ⅰ（低风险）	可忽略	不需采取特别的风险防控措施	日常管理	—		
等级Ⅱ（一般风险）	可接受	需采取风险防控措施,严格日常安全生产管理,加强现场巡视	日常管理	监控预警	专项整治	—
等级Ⅲ（较大风险）	不期望	应采取措施降低风险,将风险至少降低到可接受的程度	日常管理	监控预警	多方面专项整治	应急预案、应急准备
等级Ⅳ（重大风险）	不可接受	应暂停开工或施工;同时采取措施,综合考虑风险成本、工期及规避效果等,按照最优原则,将风险至少降低到可接受的程度,并加强监测和应急准备	日常管理	监控预警	暂停开工或施工,全面整治	应急预案、应急准备

2) 风险控制措施建议

(1) 总体要求。风险控制措施应结合工程特点且有针对性,不能照抄照搬,放之四海而皆准。

①应按照每一个作业活动,根据评估结果有针对性地提出,特别是专项风险评估中风险等级为Ⅲ级(较大风险)及以上时,应分析找出导致较大或重大风险的关键指标,可在原施工组织设计或施工专项方案的基础上,补充评估小组认为应当增加的措施建议。

②开展施工安全风险评估,提出对策措施及建议主要针对的是安全方面,不要把方方面面都搬进来。

(2) 本项目具体的措施建议(本解析省略)。

2 航道工程

2.1 工程概况

2.1.1 建设规模

长江口南槽航道治理一期工程位于长江口南槽,上起南北槽分流口圆圆沙灯船,下至口外南槽灯船,全长约86km(46.7n mile)。航道尺度(水深)为6.0m×600m(口内段)/1000m(口外段)×1250m(转弯半径),满足5000吨级船舶满载乘潮双向通航(同向多线),兼顾1~2万吨级船舶减载乘潮通航,兼顾大型空载船舶下行乘潮通航。工程主要建设内容是沿江亚南沙南缘向下游建设一条护滩堤,上游顺接长江口深水航道分流鱼嘴南线堤,总长约16km;疏浚南槽航道长约14km,挖槽宽度600m,疏浚底高程-6.0m;配备导助航设施及其他相关配套设施。

2.1.2 地形地质条件

南槽航道治理工程的整治建筑物区与航道疏浚区主要由粉砂、淤泥质粉质或者砂质黏土组成,存在高滩(岸坡)守护段岸坡稳定、护岸工程施工过程中的流砂问题、岸坡淤泥质土的流变(触变)和护滩(底)及坝体地基冲刷等工程地质问题,针对不同的地质问题采取相应的工程处理措施。

2.1.3 气象水文条件

工程所处地区属亚热带季风气候区,四季分明、温暖潮湿、光照充足、雨量充沛;夏季受太平洋暖气团控制,盛行东南风;冬季受欧亚大陆冷气团控制,盛行西北风;春末夏初为梅雨期,秋初多阴雨。多年平均气温约15.6℃,年平均降水量一般在1000mm~1100mm之间,夏、冬季受台风、寒潮影响。

根据资料统计,南槽东站常浪向为SE向,频率为9.5%,次浪向为E,其频率为8.6%,多年平均波高为0.66m。长江口地区的强浪向在NNE—ENE之间,且大浪出现在台风影响期间。南槽中上段多数垂线受地形约束影响,往复流性质明显,涨、落潮流的流向与主流的走向基本一致;下段至口外旋转流特征逐渐明显。各垂线洪枯季流态特征较为相似。南槽主槽区大潮涨潮垂线平均流速约0.7~0.9m/s,中下段(NCH4、NCH6)涨潮流速略低于上段及口外;大潮落潮垂线平均流速约0.75~1.3m/s,从上游往下游落潮流速总体逐渐减弱,沿程落潮流速基本大于涨潮流速。

2.1.4 周边环境

本工程位于南槽航道上段入口处,根据相关船舶统计,中浚高潮前2h至中浚高潮后1.5h为本工程航段的船舶进出高峰时段。南槽航道日均进出流量612.83艘次,其中:进口273.08艘次,出口339.75艘次。考虑到部分渔船及未统计进入的小型船舶,南槽航道(本工程区域)日均实际船舶流量约为1000艘次。同时,工程周边锚地及避风锚地共有5个,工程现场无码头设施。但由于本工程材料运输由上游江苏方向、下游洋山舟山方向及横沙等多个方向来船,运输沿线途经的港口码头设施较多,沿线有诸多水下设施。

2.1.5 施工工艺

航道区域的整治建筑物工程总体主要为水上施工,采用深浅水结合、多点作业的方式同时展开多个工作面,各工序之间应采用流水作业层层推进、及时保护。为避免滩面出现较大冲刷,采用超前铺设护底软体排;疏浚工程采用 3500m³~6500m³ 耙吸挖泥船疏浚施工,疏浚土需抛至长江口 3 号和 4 号倾倒区,根据疏浚工程量分布、纳泥区布置和施工工艺(挖运抛工艺)工序展开。

2.2 施工安全总体风险评估

2.2.1 建立评估指标体系

长江口南槽航道治理一期工程以整治建筑物工程为主,外加一定量的基建期和试通航期疏浚,因此评估小组以整治建筑物工程总体风险评估指标体系为基础,从工程规模、工程复杂程度、气象水文、地质条件、施工环境、施工涉及生态敏感区域和资料完整性 7 个方面来建立本次评估的总体风险评估指标体系,见表 6-2-1。

2.2.2 确定权重系数

在 yaahp 计算软件中进行施工总体风险目标层级划分,建立风险评估目标的递阶层次结构模型,如图 6-2-1 所示。

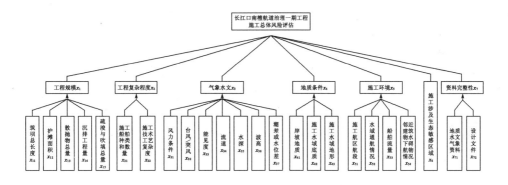

图 6-2-1 施工总体风险评估结构模型

结合评估小组讨论并评判,对同层级不同指标之间的重要性进行两两对比,在 1/9~9 之间取值,图 6-2-2 为施工总体风险的各决策目标的重要性两两比较。

在进行各指标之间的重要性比较之后,通过 yaahp 软件即可获取各评估指标的权重值,同时也会进行一致性检验,通过一致性检验的才能输出结果,计算结果如图 6-2-3 所示。

评估指标	工程规模X_1	工程复杂程度X_2	气象水文X_3	地质条件X_4	施工环境X_5	施工设计生态敏感区X_6	资料完整性X_7
工程规模X_1		1/3	1/4	2	1/3	1/2	3
工程复杂程度X_2			2	3	1/2	2	5
气象水文X_3				3	2	2	5
地质条件X_4					1/2	1/2	3
施工环境X_5						2	3
施工涉及及生态敏感区X_5							3
资料完整性X_6							

图 6-2-2 施工总体风险的各决策目标的重要性比较

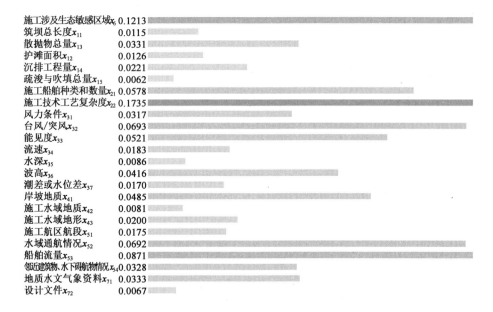

施工涉及生态敏感区域x_6 0.1213
筑坝总长度x_{11} 0.0115
散抛物总量x_{13} 0.0331
护滩面积x_{12} 0.0126
沉排工程量x_{14} 0.0221
疏浚与吹填总量x_{15} 0.0062
施工船舶种类和数量x_{21} 0.0578
施工技术工艺复杂度x_{22} 0.1735
风力条件x_{31} 0.0317
台风/突风x_{32} 0.0693
能见度x_{33} 0.0521
流速x_{34} 0.0183
水深x_{35} 0.0086
波高x_{36} 0.0416
潮差或水位差x_{37} 0.0170
岸坡地质x_{41} 0.0485
施工水域地质x_{42} 0.0081
施工水域地形x_{43} 0.0200
施工航区航段x_{51} 0.0175
水域通航情况x_{52} 0.0692
船舶流量x_{53} 0.0871
邻近建筑物,水下碍航物情况x_{54} 0.0328
地质水文气象资料x_{71} 0.0333
设计文件x_{72} 0.0067

图 6-2-3 施工总体风险的各评估指标权重值计算结果

2.2.3 各评估指标取值

评估指标取值由评估小组根据工程实际情况和指标分级情况,确定指标所在的分级区间,在分级区间的分值范围内,采用插值法等方法,集体讨论确定指标的分值。在确定指标所在的分级区间时,应遵循最不利原则,越不利的情况取值越大。各评估指标具体取值情况见表6-2-1。

长江口南槽航道治理一期工程总体风险评估指标体系　　　表6-2-1

评估指标		分级	基本分值		权重系数 (γ_{ij})	说明
			分值范围	取值		
工程规模 X_1	筑坝总长度 (X_{11})	≥5km	75~100	$R_{11}=100$	$\gamma_{11}=0.0115$	半圆形混合堤4.0km+袋装砂堤8.9km+抛石堤3.1km=16km
		2km~5km	50~75			
		1km~2km	25~50			
		<1km	0~25			
	护滩(底)面积 (X_{12})	≥50万 m²	75~100	$R_{12}=100$	$\gamma_{12}=0.0126$	取护滩(底)总面积,砂肋软体排、混凝土联锁块软体排、倒滤布,共计2860687 m²
		20万 m²~50万 m²	50~75			
		10万 m²~20万 m²	25~50			
		<10万 m²	0~25			
	散抛物总量 (X_{13})	≥100万 m³	75~100	$R_{13}=100$	$\gamma_{13}=0.0331$	取整治建筑物工程散抛物总量,2t扭王字块62987个,4t扭王字块43299个,半圆体工程量722个,约221781 m³,抛石904276 m³,共计约112.6万 m³
		50万 m³~100万 m³	50~75			
		10万 m³~50万 m³	25~50			
		<10万 m³	0~25			
	沉排工程量 (X_{14})	≥100万 m²	75~100	$R_{14}=100$	$\gamma_{14}=0.0221$	取整治建筑物工程沉排总量,合计2615070m²
		50万 m²~100万 m²	50~75			
		10万 m²~50万 m²	25~50			
		<10万 m²	0~25			
	疏浚与吹填总量 (X_{15})	≥2000万 m³	75~100	$R_{15}=58.2$	$\gamma_{15}=0.0062$	基建性疏浚566万 m³+试通航维护疏浚760万 m³=1326万 m³
		1000万 m³~2000万 m³	50~75			
		500万 m³~1000万 m³	25~50			
		<500万 m³	0~25			

续上表

评估指标		分 级	基本分值		权重系数 (γ_{ij})	说 明
			分值范围	取值		
工程复杂程度 X_2	施工船舶种类和数量 (X_{21})	投入施工船舶5种以上或运输船30艘以上或使用非标准船型	75~100	$R_{21}=100$	$\gamma_{21}=0.0578$	高峰期投入运输船超过30艘
		投入施工船舶3~4种或运输船20~30艘	50~75			
		投入施工船舶3种以下或运输船20艘以下	25~50			
	施工技术及工艺复杂程度 (X_{22})	施工技术及工艺复杂	50~100	$R_{22}=25$	$\gamma_{22}=0.1735$	综合考虑施工工艺较为成熟,复杂程度一般
		施工技术及工艺复杂程度一般	0~50			
气象水文 X_3	风力条件 (X_{31})	≥60d	75~100	$R_{31}=100$	$\gamma_{23}=0.0317$	大于6级风的年平均天数超过30d
		40d~60d	50~75			
		20d~40d	25~50			
		<20d	0~25			
	台风/突风 (X_{32})	≥3次	75~100	$R_{32}=62.5$	$\gamma_{32}=0.0693$	台风(风力达12级或以上)年平均影响次数2~3次
		2~3次	50~75			
		1~2次	25~50			
		<1次	0~25			
	能见度条件 (X_{33})	≥50d	75~100	$R_{33}=50$	$\gamma_{33}=0.0521$	年平均雾日为28.1d,多集中在冬春季
		30d~50d	50~75			
		15d~30d	25~50			
		<15d	0~25			
	流速 (X_{34})	≥2m/s	75~100	$R_{34}=57.5$	$\gamma_{34}=0.0183$	涨潮垂线平均最大流速约0.9m/s,落潮垂线平均最大流速1.3m/s
		1m/s~2m/s	50~75			
		0.6m/s~1m/s	25~50			
		<0.6m/s	0~25			
	水深 (X_{35})	≥15m	75~100	$R_{35}=45$	$\gamma_{35}=0.0086$	本工程堤轴线滩面现状水深在0.0~9.0m之间,以最大水深进行取值计算,但考虑水深对整治建筑物施工的影响,水深较浅时需乘潮施工
		10m~15m	50~75			
		5m~10m	25~50			
		<5m	0~25			
	波高 (X_{36})	≥1.5m	75~100	$R_{36}=33$	$\gamma_{36}=0.0416$	考虑波浪对施工船舶的影响,南槽东站多年平均波高为0.66m
		0.5m~1.5m	25~75			
		<0.5m	0~25			
	潮差或年度水位差 (X_{37})	≥5m	75~100	$R_{37}=50$	$\gamma_{37}=0.0170$	施工期最大水位变化约5m/d
		4m~5m	50~75			
		3m~4m	25~50			
		<3m	0~25			

续上表

评估指标		分　　级	基本分值		权重系数 (γ_{ij})	说　　明
			分值范围	取值		
地质条件 X_4	岸坡地质 (X_{41})	岸坡与边坡稳定情况不明	75～100	$R_{41}=25$	$\gamma_{41}=$ 0.0485	考虑地质灾害对整治建筑物的影响,南槽场地地层分布较稳定、无地质灾害
		岸坡与边坡不稳定,需处理	25～75			
		岸坡与边坡稳定,无须处理	0～25			
	施工水域地质 (X_{42})	淤泥质软土层厚度超过3m,或土层倾斜较大	75～100	$R_{42}=75$	$\gamma_{42}=$ 0.0081	淤泥质软土层厚度深接近3m,可挖性好
		淤泥质软土层厚度2m～3m	50～75			
		淤泥质软土层厚度1m～2m	25～50			
		淤泥质软土层厚度0～1m	0～25			
	施工水域地形 (X_{43})	施工水域地质有冲沟	50～100	$R_{43}=75$	$\gamma_{43}=$ 0.0200	本区属河口拦门沙浅滩区,地形总体稳定平坦,但有一个串沟
		施工水域地质无冲沟,地形平坦	0～50			
施工环境 X_5	施工所在航区航段 (X_{51})	J1、J2航段	75～100	$R_{51}=75$	$\gamma_{51}=$ 0.0175	A级航区,长江A级航区是指江阴以下至吴淞口,包括横沙岛以内水域
		A、B级航区(不包含J1、J2)	25～75			
		C级航区(不包含J1、J2)	0～25			
	施工水域通航情况 (X_{52})	施工区域全部或大部分位于主航道内	75～100	$R_{52}=75$	$\gamma_{52}=$ 0.0692	整治建筑物工程施工水域紧邻南槽航道,运料船在进入施工现场前可能会占用一定的通航水域;疏浚工程需要占用一定的通航水域
		上下行航线与施工区域存在交叉	50～75			
		施工区域紧邻主航道边缘	25～50			
		施工区域距离主航道2倍标准船型船宽以上	0～25			
	船舶流量 (X_{53})	船舶流量大	75～100	$R_{53}=80$	$\gamma_{53}=$ 0.0871	南槽船舶交通流量较大,但主要集中在涨落潮时段
		船舶流量一般	25～75			
		船舶流量小	0～25			
	邻近建筑物、水下碍航物情况 (X_{54})	水下存在管线、文物、沉船;距桥梁、码头、渡口等建筑物50m以内	75～100	$R_{54}=50$	$\gamma_{54}=$ 0.0328	江亚南沙护滩堤与江亚南沙危险品锚地最近距离约433.2m,距离较近
		施工水域有养殖区;距离桥梁、码头、渡口等建筑物50 m～100m	50～75			
		距桥梁、码头、渡口等建筑物100m～200m	25～50			
		距桥梁、码头、渡口等建筑物200m以上	0～25			

续上表

评估指标		分级	基本分值		权重系数 (γ_{ij})	说明
			分值范围	取值		
生态环境 X_6	施工涉及生态敏感区 (X_{61})	施工区域位于或邻近特殊生态敏感区	75~100	$R_{61}=50$	$\gamma_{61}=0.1213$	工程邻近九段沙湿地国家级自然保护区
		施工区域位于或邻近重要生态敏感区	50~75			
		施工区域不涉及特殊生态敏感区和重要生态敏感区	0~50			
资料完整性 X_7	地质水文气象资料 (X_{71})	地质、水文、气象资料不完整	75~100	$R_{71}=0$	$\gamma_{71}=0.0333$	地质、水文、气象资料完整
		地质、水文、气象资料基本完整	25~75			
		地质、水文、气象资料完整	0~25			
	设计文件 (X_{72})	施工图及说明文件不完整	75~100	$R_{72}=0$	$\gamma_{72}=0.0067$	施工图及说明文件完整
		施工图及说明文件基本完整	25~75			
		施工图及说明文件完整	0~25			

2.2.4 总体风险评估分值计算

根据表6-2-1中各指标取值和权重系数进行计算,得到:

$$F_r = \sum X_{ij} = \sum R_{ij}\gamma_{ij} = 56.674 \tag{6-2-1}$$

2.2.5 风险等级评定

根据指标体系法施工安全总体风险分级标准,本工程总体风险值 $F_r = 56.674$,处于区间"$50 \leqslant F_r < 60$",其风险等级为较大风险(Ⅲ级)。

2.2.6 总体风险评估结论

在相关法规及行业标准的基础上,依据《指南》第6部分要求,通过现场调研,结合项目施工组织设计及工程设计图纸有关资料,对长江口南槽航道治理一期工程施工的安全风险进行了总体风险评估。通过指标体系法评定出长江口航道治理一期工程施工的总体风险等级为Ⅲ级(较大风险)。

2.2.7 风险控制措施建议

1)风险接受准则

根据风险评估结果与接受准则提出风险控制对策,如表6-2-2所示。

总体风险接受准则与控制措施 表 6-2-2

风险等级	接受准则	控 制 措 施
等级Ⅰ(低风险)	可忽略	维持日常安全生产管理工作,不需采取附加的风险防控措施
等级Ⅱ(一般风险)	可接受	需采取风险防控措施;加强安全管理力量,严格日常安全生产管理工作
等级Ⅲ(较大风险)	不期望	应采取措施降低风险;采取加大安全管理力量投入、强化安全资源配置、选择有经验及自控能力强的施工单位、增加工程保险投保等措施
等级Ⅳ(重大风险)	不可接受	应采取一整套的措施降低风险;采取优化工程设计方案或设计阶段的施工指导方案、高度重视项目的后续组织实施、加大安全管理力量和资金投入、强化安全资源配置、选择有经验及自控能力强的施工单位、增加工程保险投保等措施

2)风险控制措施建议

为降低事故发生的可能性和降低事故发生的严重程度,最终把安全生产风险降低到可容许的限度,建设单位应依法执行建设工程安全生产法律、法规和工程建设强制性标准,组织协调直接承包单位安全生产、文明施工工作,加强管理体系的贯彻与实施,对涉及施工安全和环境破坏不利因素的重点部位和环节,组织设计文件交底、及时开展施工期的专项安全风险评估、制定相关应急预案和应急措施等,对工程建设活动履行业主职责;施工单位同样应当在安全管理力量投入、资源配置、工艺流程、施工人员培训等方面做好保障。

2.3 施工安全专项风险评估

2.3.1 风险辨识与风险分析

风险辨识与风险分析是风险评估的基础,首先应组织成立评估小组,对航道工程进行风险辨识与分析工作。风险辨识与分析包括 5 个步骤:工程资料的收集整理、施工现场地质水文条件和环境条件的调查(或补充勘察)、施工队伍素质和管理制度调查、施工作业程序分解和风险事件辨识、致险因素及风险事件后果类型分析。

1)施工作业程序分解和风险事件辨识

评估小组参照《指南》第 6 部分附录 C,将施工作业程序按单位工程、分部工程、分项工程(或作业环节)、施工工序逐级进行分解,划为不同的作业活动,根据工程项目实际情况,作业活动可以是分部工程、分项工程或作业环节,便于风险事件辨识,如表 6-2-3 所示。

某工程施工作业程序分解 表6-2-3

分部工程	分项工程(作业环节)	施 工 工 序
坝面 C3-4	预制混凝土铺砌块铺砌 C3-4-1	坡面验收→预制块运输→放样→铺砌
	现浇混凝土护面 C3-4-2	坡面验收→支立模板→混凝土浇筑→抹面→养护→拆模
	模袋混凝土护面 C3-4-3	模袋加工→坡面整平→铺设模袋→模袋混凝土灌注→养护
	钢丝网格护面 C3-4-4	土工布铺设→钢丝网格组装→钢丝网格铺设→填料填充→填料整平→封盖
	混凝土块体安装 C3-4-5	混凝土块体吊运→混凝土块体安装
护脚 C3-5	水下抛充填袋护脚 C3-5-1	浮吊船抛锚定位→运输船靠浮吊船→人工挂钩→起吊→抛投
	水下抛石护脚 C3-5-2	浮吊船抛锚定位→运输船靠浮吊船→人工挂钩→起吊网兜→抛投块石
	水下抛石笼护脚 C3-5-3	浮吊船抛锚定位→运输船靠浮吊船→人工挂钩→起吊→抛投
护坡 C3-6	岸坡开挖 C3-6-1	测量→放样→分段开挖
	土石方回填 C3-6-2	土石方运输→分层回填→分层夯实
	削坡及整平 C3-6-3	放样→削坡整平
	……	……
岸壁 C3-7	岸坡开挖 C3-7-1	测量放样→机械开挖
	基槽开挖 C3-7-2	机械开挖→弃土运输→人工修整→验收
	砂石垫层 C3-7-3	放样→砂石垫层铺设→整平
	……	……

续上表

分部工程	分项工程(作业环节)	施工工序
护滩 C3-8	铺石压载软体排护滩 C3-8-1	铺排船定位移位→铺设软体排→抛石船定位移位→运石船靠抛石船→抛石沉放
	系结压载软体排护滩 C3-8-2	材料运输→铺排船定位移位→联锁块运输船靠铺排船→联锁块装卸→联锁块绑扎→铺设软体排
附属工程 C3-9	基槽开挖 C3-9-1	土方开挖→土方运输→弃土
	现浇混凝土基础 C3-9-2	基槽开挖→模板支立→混凝土运输→混凝土浇筑→抹面→混凝土养护→拆模
	……	……

2)致险因素及风险事件后果类型分析

本项目评估小组结合风险辨识,通过讨论,从人、物、管理、环境等方面分析致险因素,从人员伤亡和直接经济损失等方面分析风险事件后果类型,形成风险辨识与风险分析表,见表6-2-4。

风险辨识与风险分析示例表　　表6-2-4

作业活动	风险事件类型	致险因素				风险事件后果
		人的因素	物的因素	管理因素	外部环境因素	
船舶调遣	船舶碰撞、船舶搁浅、船舶触礁、船舶触损、船舶污染、船舶倾覆	(1)船舶配员不符合规定;(2)船员值班不符合规定;(3)值班船员操作失误;(4)值班船员违章冒险航行	(1)船舶证书不齐全,非自航船拖带未经过检验;(2)船体老旧,设备状况差;(3)船舶封舱不严、活动部件未固定;(4)通信导航设备故障或不完善;(5)非自航船拖带装置有缺陷或故障;(6)航海图书资料不全	(1)未制订有效的航次计划,航线设计不合理,值班船员不遵守航次计划;(2)未开展风险评估,未召开航次作业会;(3)未开展开航前安全检查;(4)拖轮选择不当	(1)能见度不良;(2)突遇大风、大浪(波高超过船舶适应能力);(3)航线上船舶流量密集,或者突遇大量的渔船、渔网;(4)夜间航行的影响;(5)陌生航区、港口的影响	(1)受伤害人员类型:船舶驾驶人员;(2)人员伤亡:船舶碰撞、倾覆等事故可能造成在船人员伤亡或失踪;(3)直接经济损失:主要根据船舶可能受损情况进行估计;(4)环境损害:船舶污染事故可能对水体造成油污染

2.3.2 风险估测

1) 作业活动划分

根据评估小组对航道工程进行全面风险辨识与分析得出的结论,本《指南》将工程施工作业活动按照复杂程度划分为一般作业活动和重大作业活动。评估小组结合本《指南》附录 E 中的重大作业活动筛选要素及常见重大作业活动清单,判断作业活动是否为重大作业活动。

2) 一般作业活动估测

在风险辨识与风险分析的基础上,本项目评估采用 LEC 法估测各项一般作业活动的风险,经过评估小组讨论,以风险描述方式将一般作业活动的风险估测情况汇总。

下面以分项工程"联锁块预制"中的"模板安装、铺设绳网、混凝土浇筑抹面、拆模、养护、转堆出运"等一般作业活动为例,采用 LEC 法进行估测,如表 6-2-5 和表 6-2-6 所示。

一般作业活动风险估测(LEC) 表 6-2-5

序号	分项工程	作业活动(施工工序)	L(风险事件发生的可能性)	E(危险环境暴露程度)	C(风险事件造成的后果)	D(危险性分值)
1	联锁块预制	模板安装	0.5 可以设想,很少可能	6 每天工作时间内暴露	3 有伤残	9
2		铺设绳网	0.5 可以设想,很少可能	6 每天工作时间内暴露	1 轻伤,需要救护	3
3		混凝土浇筑抹面	0.2 极不可能	6 每天工作时间内暴露	1 轻伤,需要救护	1.2
4		拆模	1 完全意外,很少可能	6 每天工作时间内暴露	3 有伤残	18
5		养护	0.1 实际上不可能	6 每天工作时间内暴露	1 轻伤,需要救护	0.6
6		转堆出运	1 完全意外,很少可能	6 每天工作时间内暴露	7 严重伤残	42

一般作业活动风险估测汇总表　　　　　　　　表6-2-6

一般作业活动	风险描述	理由
模板安装	存在以下风险事件,按大小顺序排列为:起重伤害、机械伤害等	联锁块预制模板安装过程主要涉及起重机和机械工具,存在的主要风险为起重伤害和机械伤害;风险很少可能发生,发生后可能造成人员一定程度伤残
……	……	……
转堆出运	存在以下风险事件,按大小顺序排列为:起重伤害、车辆伤害、坍塌等	联锁块转堆的过程主要使用起重机,可能造成物体起重伤害、坍塌;出运的过程主要使用起重机装车,存在起重伤害和车辆伤害;风险很少可能发生,后果可能造成人员的严重伤残
……	……	……

3) 重大作业活动估测

重大作业活动在一个工程中常多处存在,为了找出安全管理的重点,应进行定量风险估测。本《指南》制定了航道工程常见重大作业活动的评估指标体系,采用 M-PEC 评价方法,进行定量风险估测,确定风险等级。M-PEC 评价方法综合考虑管理(M)、风险事件可能性(P)、环境(E)和风险事件的后果(C)对航道工程常见重大作业活动进行定量风险估测,确定风险等级。

$$R = f(M, P, E, C) = \lambda_M \times \max(P_1, P_2, P_3) \times (E_1 + E_2 + E_3) \times \max(C_1, C_2, C_3, C_4) \quad (6\text{-}2\text{-}2)$$

安全管理(M)是针对施工项目部综合安全管理水平的评估,从安全生产条件、安全生产管理制度、安全技术管理、施工设备与设施管理、应急管理和安全投入6个方面进行细化指标分析,评估分值越高,说明施工项目部综合安全管理水平越低,其对风险的管控能力相对较差。

风险事件发生的可能性(P)考虑了风险事件发生时,人(P_1)、设备(P_2)以及工艺(P_3)3方面因素影响,这3方面因素的影响是相对独立的,那么风险事件发生的可能性则由发生概率最高的影响因素决定,所以 P 的计算模型采用取大值的运算符"max"。

环境(E)对施工安全的影响重点从自然环境(E_1)和作业环境(E_2)两方面研究环境。自然环境(E_1)主要考虑流速、流向、波高、能见度、潮差或水位差、风、台风或突风、寒潮和生态敏感区等因素;作业环境(E_2)主要考虑施工所在航区航段、施工水域通航情况、邻近建筑物与水下碍航物情况、施工船舶富余水深、生态敏感区域、交叉作业等因素。

风险事件的后果(C)主要从人员伤亡(C_1)、直接经济损失(C_2)、环境损害(C_3)和社会影响(C_4)4个方面进行评估指标研究,这4个方面因素是相对独立的,最终的风险后果由最严重的因素决定,所以计算模型采用取大值的运算符"max"。

以航行挖泥作业活动为例,采用 M-PEC 评价法进行专项风险评估。

(1)确定管理 M 分值。

假设施工单位资质为一级、无专业分包、有劳务分包、从业人员持有效证书且证书与对应岗位人员身份相符、有完备的安全组织机构,根据表 6-2-7 取值,$M_1 = 1 + 0 + 1 + 0 + 0 = 2$;施工项目部安全管理制度尚不健全,有安全生产责任考核书、能保障后续严格执行各项制度,$M_2 = 1 + 0 = 1$;危险性较大分部分项工程的专项施工方案和施工临时用电方案等编制的可操作性一般,制定了安全技术较低制度和计划、经与施工项目沟通能确保后续交底全覆盖,$M_3 = 1 + 0 = 1$;船舶及机械设备档案不规范、特种设备安装无专项方案,$M_4 = 1 + 1 = 2$;制定了项目应急预案,并通过了专家评审,$M_5 = 0$;制定了安全生产费用投入计划,项目部承诺后续能保障足额投入和专款专用,$M_6 = 0$。

按照公式 $M = \sum M_{ij}$ 计算,$M = 2 + 1 + 1 + 2 + 0 + 0 = 6$。

管理(M)评估指标　　　　　　　　表 6-2-7

评估指标		分　类	分值	说　明
安全生产条件 M_1	施工企业资质 M_{11}	二级	2	资质级别越高的施工企业安全管理相对完善
		一级	1	
		特级	0	
	专业分包 M_{12}	有分包	1	针对当前作业的分包企业
		无分包	0	
	劳务分包 M_{13}	有分包	1	针对当前作业的分包企业
		无分包	0	
	从业人员资格条件 M_{14}	专职安全管理人员未持证书上岗、未持有效证书或证书与对应岗位人员身份不相符	2	安全管理人员的持证、在岗情况
		项目负责人未及时获取上岗证书	1	
		持有效证书且证书与对应岗位人员身份相符	0	
	安全组织机构 M_{15}	未成立安全生产领导小组、未设置独立的安全生产管理部门或未配置专职安全员	2	安全组织机构设置和专兼职安全管理人员配备情况
		项目负责人、各部门及作业层安全岗位职责及责任人不明确或专职安全员配备数量不满足要求	1	
		成立安全生产领导小组、设置相应管理部门,且各岗位职责明确,并按要求配备相应数量专职安全员	0	

续上表

评估指标		分 类	分值	说 明
安全生产管理制度 M_2	制度建立 M_{21}	未建立安全生产管理制度体系或制度不健全	1	安全生产管理制度体系应符合《公路水运工程平安工地建设管理办法》要求
		制度完善、符合要求	0	
	制度落实 M_{22}	未落实安全生产管理制度	1	在安全生产责任制考核或安全检查中核实安全生产管理制度的执行情况
		严格执行安全生产管理制度	0	
安全技术管理 M_3	施工组织设计或专项施工方案 M_{31}	未履行审批程序或针对性、可操作性较差	2	专项施工方案包括危险性较大分部分项工程的专项施工方案和施工临时用电方案等
		针对性、可操作性一般	1	
		针对性、可操作性强	0	
安全技术管理 M_3	安全技术交底（工种交底） M_{32}	未进行安全技术交底或交底不全面	1	安全技术交底覆盖各作业岗位，交底内容贴合岗位作业实际
		制定安全技术交底制度和计划，并进行安全技术交底	0	
施工设备与设施管理 M_4	船舶及机械设备管理制度及台账 M_{41}	未建立船舶及机械设备（含特种设备）管理制度及台账	2	船机设备单独建档，相关资质证书在有效期内
		台账内容不全或设备档案不规范	1	
		建立完善的船舶及机械设备（含特种设备）管理制度及台账	0	
	特种设备管理 M_{42}	特种设备未取得登记证书投入使用	2	特种设备安拆单位资质符合要求，检测合格证书在有效期内等
		特种设备安装、拆除无专项方案	1	
		特种设备投入使用前已经具备相应资质的单位检测合格，特种设备安装、拆除由具备相应资质的单位承担	0	
应急管理 M_5	应急管理 M_{51}	未制定应急响应程序或预案，或应急预案有缺陷	1	应急预案体系完善，有应急演练计划，按照计划进行演练
		制定应急预案并定期进行应急培训和演习	0	
安全投入 M_6	安全生产费用使用管理 M_{61}	安全生产费用投入不足	2	安全生产费用是否按规范要求足额投入，未超范围使用
		安全生产费用使用不规范	1	
		安全生产费用使用符合要求	0	

根据表 6-2-8 可得调整系数 $\lambda_M = 1$。

安全管理评估分值与调整系数对照表　　　　　表 6-2-8

计算分值(M)	安全管理评估分值调整系数(λ_M)
$M \geq 16$	1.1
$12 \leq M < 16$	1.05
$6 \leq M < 12$	1
$2 \leq M < 6$	0.95
$M < 2$	0.9

(2)确定发生事件/事故可能性 P 分值。

假设在航行挖泥作业过程中,挑选的作业人员工作经验在 3~4 年,设施设备良好,施工工艺符合施工安全和环保要求,依据表 6-2-9 取值,则 $P_1 = 1.52$、$P_2 = 0.3$、$P_3 = 0.2$,则 $P = \max(P_1, P_2, P_3) = 1.52$。

航行挖泥作业活动风险事件发生的可能性(P)评估指标　　　　　表 6-2-9

评估指标	分级	取值区间	评估取值	说明
人的因素引发风险事件的可能性 P_1	主要工序施工人员无类似项目的施工经验或具有 3 年以下施工经验	$2 < P_1 \leq 3$	P_1	依据施工人员的施工经验情况取值
	主要工序施工人员具有 3~5 年类似项目的施工经验	$1 < P_1 \leq 2$		
	主要工序施工人员具有 5 年以上类似项目的施工经验	$0 < P_1 \leq 1$		
主要设备的因素引发风险事件的可能性 P_2	设备使用年限达到设计使用年限的 80% 及以上,或首次采用"新型设备"施工作业,或设备故障率高	$2 < P_2 \leq 3$	P_2	依据设备的实际情况取值
	设备使用年限处于设计使用年限的 60%~80%,或设备故障率较高	$1 < P_2 \leq 2$		
	设备使用年限处于设计使用年限的 60% 以下,或设备故障率较低、设备状况较好	$0 < P_2 \leq 1$		
工艺因素引发风险事件的可能性 P_3	未考虑气象水文条件、地质、通航环境等因素,或未合理编制航行挖泥施工方案,或未合理规划航行挖泥线路,或无施工安全防护和环境保护措施	$2 < P_3 \leq 3$	P_3	依据工艺的实际情况取值
	施工安全防护和环境保护措施不到位,或工艺流程不合理	$1 < P_3 \leq 2$		
	施工工艺符合施工安全和环保要求	$0 < P_3 \leq 1$		

(3)确定环境 E 分值。

假设作业水域水流流速为 2.5m/s,流向为往复双向流,施工水域最大波高 2m,年平均能见度小于 1000m 的雨雪雾日(雾霾)总计约 40d,24h 内潮水涨落差小于 0.2m,大于 6 级风的年平均日数约 40d,每年受台风影响平均 3 次,受寒潮影响 1 次,施工区域不涉及特殊生态敏感区和重要生态敏感区,依据表 6-2-10 进行取值计算,则 $E_1 = 2.5 + 1.1 + 2 + 2.5 + 0.1 + 2 + 3 + 1 + 0.01 = 14.21$。

假设约 80% 的作业水域位于沿海航区,施工区域大部分位于紧邻主航道边缘,邻近有少数码头物分布,施工船舶为耙吸船的富余水深 2m,作业时通航密度一般偏上,水下无管线和障碍物,耙吸船与泥驳偶尔存在交叉作业,依据表 6-2-10 进行取值计算,$E_2 = 2.8 + 1.9 + 1.1 + 2 + 1.6 + 1.2 = 10.6$。

由 $E = (\sum E_{ij})$ 得,环境 E 分值为 24.81。

航行挖泥作业风险事件发生的环境因素(E)评估指标 表 6-2-10

评估指标			分 级	取值区间	评估取值	说 明
自然环境 E_1	流速 E_{11}	沿海	≥3m/s	$2 < E_{11} \leq 3$	E_{11}	根据流速最大值进行划分,在山区河道地势起伏大、流速紊乱的情况下,取高值
			2m/s ~ 3m/s	$1 < E_{11} \leq 2$		
			<2m/s	$0 < E_{11} \leq 1$		
		山区河流	≥3.5m/s	$2 < E_{11} \leq 3$		
			2m/s ~ 3.5m/s	$1 < E_{11} \leq 2$		
			<2m/s	$0 < E_{11} \leq 1$		
		平原河流	≥2m/s	$2 < E_{11} \leq 3$		
			1m/s ~ 2m/s	$1 < E_{11} \leq 2$		
			<1m/s	$0 < E_{11} \leq 1$		
	流向 E_{12}		流向紊乱	$1 < E_{12} \leq 2$	E_{12}	依据施工水域流向实际情况取值
			单向水流	$0 < E_{12} \leq 1$		
	波高 E_{13}		≥2.5m	$3 < E_{13} \leq 4$	E_{13}	依据施工水域最大波高取值
			2m ~ 2.5m	$2 < E_{13} \leq 3$		
			1m ~ 2m	$1 < E_{13} \leq 2$		
			<1m	$0 < E_{13} \leq 1$		

续上表

评估指标			分级	取值区间	评估取值	说明
自然环境 E_1	能见度条件 E_{14}		≥50d	$3<E_{14}≤4$	E_{14}	根据年平均能见度小于1000m雨雪、雾日(雾霾)划分
			30d~50d	$2<E_{14}≤3$		
			15d~30d	$1<E_{14}≤2$		
			<15d	$0<E_{14}≤1$		
	潮差或水位差 E_{15}	沿海	≥5.0m	$3<E_{15}≤4$	E_{15}	沿海根据最近站点或推算的平均潮差进行划分。内河根据最近站点或推算的平均年度水位差进行划分。受潮汐影响的河口地区应将潮差和年度水位差进行比较,取大值
			4.0m~5.0m	$2<E_{15}≤3$		
			3.0m~4.0m	$1<E_{15}≤2$		
			<3.0m	$0<E_{15}≤1$		
		山区河流	≥20.0m	$3<E_{15}≤4$		
			10.0m~20.0m	$2<E_{15}≤3$		
			6.0m~10.0m	$1<E_{15}≤2$		
			<6.0m	$0<E_{15}≤1$		
		平原河流	≥6.0m	$3<E_{15}≤4$		
			4.0m~6.0m	$2<E_{15}≤3$		
			2.0m~4.0m	$1<E_{15}≤2$		
			<2.0m	$0<E_{15}≤1$		
	风力条件 E_{16}		≥60d	$3<E_{16}≤4$	E_{16}	依据大于6级风的年平均日数划分
			40d~60d	$2<E_{16}≤3$		
			20d~40d	$1<E_{16}≤2$		
			<20d	$0<E_{16}≤1$		
	台风或突风 E_{17}		≥3次	$3<E_{17}≤4$	E_{17}	根据(风力达12级或以上)台风年平均影响次数划分。突风根据年平均影响次数划分
			2次~3次	$2<E_{17}≤3$		
			1次~2次	$1<E_{17}≤2$		
			≤1次	$0<E_{17}≤1$		
	寒潮 E_{18}		≥3次	$3<E_{18}≤4$	E_{18}	根据寒潮的年平均影响次数划分
			2次~3次	$2<E_{18}≤3$		
			1次~2次	$1<E_{18}≤2$		
			≤1次	$0<E_{18}≤1$		
	施工涉及生态敏感区 E_{19}		施工区域位于或邻近特殊生态敏感区	$2<E_{19}≤3$	E_{19}	考虑施工水域与生态敏感区要求
			施工区域位于或邻近重要生态敏感区	$1<E_{19}≤2$		
			施工区域不涉及特殊生态敏感区和重要生态敏感区	$0<E_{19}≤1$		

续上表

评估指标			分级	取值区间	评估取值	说明
作业环境 E_2	施工所在航区航段 E_{21}		J1、J2 航段	$2 < E_{21} \leq 3$	E_{21}	适用于内河航道
			A、B 级航区(不包含 J1、J2)	$1 < E_{21} \leq 2$		
			C 级航区(不包含 J1、J2)	$0 < E_{21} \leq 1$		
			远海航区	$4 < E_{21} \leq 5$	E_{21}	适用于沿海航道
			近海航区	$3 < E_{21} \leq 4$		
			沿海航区	$2 < E_{21} \leq 3$		
			遮蔽航区	$1 < E_{21} \leq 2$		
			港池及内航道	$0 < E_{21} \leq 1$		
	施工水域通航情况 E_{22}		施工区域全部或大部分位于主航道内	$3 < E_{22} \leq 4$	E_{22}	依据施工水域通航情况取值
			上下行航线与施工区域存在交叉	$2 < E_{22} \leq 3$		
			施工区域紧邻主航道边缘	$1 < E_{22} \leq 2$		
			施工区域距离主航道 2 倍标准船型船宽以上	$0 < E_{22} \leq 1$		
	邻近建筑物、水下碍航物情况 E_{23}		水下存在管线、文物或障碍物	$3 < E_{23} \leq 4$	E_{23}	依据施工水域的邻近建筑物和水下碍航物的位置分布情况取值
			邻近桥梁、码头等建筑物分布密集	$2 < E_{23} \leq 3$		
			邻近有少数桥梁、码头等建筑物分布	$1 < E_{23} \leq 2$		
			水下无管线、文物或障碍物	$0 < E_{23} \leq 1$		
	施工水域船舶富余水深 E_{24}	耙吸船	<1.5m	$3 < E_{24} \leq 4$	E_{24}	依据施工水域船舶富余水深情况取值
			1.5m~2.0m	$2 < E_{24} \leq 3$		
			2.0m~3.0m	$1 < E_{24} \leq 2$		
			>3.0m	$0 < E_{24} \leq 1$		
		其他船舶	<0.3m	$3 < E_{24} \leq 4$		
			0.3m~1.0m	$2 < E_{24} \leq 3$		
			1.0m~1.5m	$1 < E_{24} \leq 2$		
			>1.5m	$0 < E_{24} \leq 1$		
	船舶流量 E_{25}		船舶流量大	$2 < E_{25} \leq 3$	E_{25}	依据施工水域海事主管部门主要断面日交通流量统计为准
			船舶流量一般	$1 < E_{25} \leq 2$		
			船舶流量小	$0 < E_{25} \leq 1$		
	交叉作业 E_{26}		存在两种以上或持续时间较长	$2 < E_{26} \leq 3$	E_{26}	根据施工工艺之间时间、空间的组织安排,判断有无交叉施工,并根据交叉施工的种类及持续时间长短进行综合判断
			偶尔存在	$1 < E_{26} \leq 2$		
			不存在	$0 < E_{26} \leq 1$		

(4) 确定风险事件的后果 C 分值。

经分析,航行挖泥作业过程中可能会发生船舶碰撞、人员落水淹溺等事故,一旦发生事故后果比较严重,对照表 6-2-11 取值,风险事件的后果 C 分值为 5。

风险事件可能造成的后果(C)评估指标　　　　表 6-2-11

人员伤亡(C_1)	直接经济损失(C_2)	环境损害(C_3)	社会影响(C_4)	取值
死亡人数 30 人以上或重伤人数 100 人以上	$C_2 \geq 10000$ 万元或 $C_{pr} \geq 10\%$	船舶溢油 1000t 以上,致水域严重污染的	绝大部分群众有意见、反应强烈,可能引发大规模群体性事件,媒体高度关注	10
死亡人数 10 人以上 30 人以下或重伤人数 50 人以上 100 以下	5000 万元 $\leq C_2 <$ 10000 万元或 $5\% \leq C_{pr} < 10\%$	船舶溢油 500t 以上 1000t 以下,致水域大范围污染	大部分群众有意见、反应较强烈,可能引发小规模群体性事件,媒体一般关注	8
死亡人数 3 人以上 10 人以下或重伤人数 10 人以上 50 人以下	1000 万元 $\leq C_2 <$ 5000 万元或 $2\% \leq C_{pr} < 5\%$	船舶溢油 100t 以上 500t 以下,致水域较大范围污染	小部分群众有意见、反应较强烈,可能引发矛盾冲突	5
死亡人数 1 人以上 3 人以下或重伤人数 5 人以上 10 人以下	100 万元 $\leq C_2 <$ 1000 万元或 $1\% \leq C_{pr} < 2\%$	船舶溢油 1t 以上 100t 以下,致水域小范围污染	绝大部分群众理解支持但极少数人有意见,矛盾易化解	2
重伤人数 5 人以下	$C_2 <$ 100 万元或 $C_{pr} < 1\%$	船舶溢油 1t 以下,致水域轻微污染的	群众均无意见	1

注:C_{pr} 为经济损失占项目建安费的比例。

(5) 确定风险值 R。

按照公式 $R = f(M, P, E, C) = \lambda_M \times \max(P_1, P_2, P_3) \times (E_1 + E_2 + E_3) \times \max(C_1, C_2, C_3, C_4)$ 进行计算,得到 $R = 1 \times 1.52 \times 24.81 \times 5 = 188.56$。

(6) 确定风险等级。

按照表 6-2-12,R 值处在较大风险对应的取值区间"$100 \leq R < 200$"内,则航行挖泥作业活动的风险等级为较大风险(Ⅲ级)。

M-PEC 评价方法施工安全专项风险分级标准　　　　表 6-2-12

序号	风险等级	取值区间
1	重大风险(Ⅳ级)	$R \geq 200$
2	较大风险(Ⅲ级)	$100 \leq R < 200$
3	一般风险(Ⅱ级)	$50 \leq R < 100$
4	低风险(Ⅰ级)	$R < 50$

2.3.3 专项风险评估结论

在相关法规及行业标准的基础上,依据《指南》第 6 部分要求,经过现场调研,采用 M-PEC 法对长江口南槽航道治理一期工程的航行挖泥作业活动的安全风险进行了专项评估,评定出航行挖泥作业活动的风险等级为较大风险(Ⅲ级)。

2.3.4 风险控制措施建议

1) 风险接受准则

根据风险评估结果与接受准则,提出风险控制对策,如表6-2-13 所示。

专项风险接受准则与控制措施   表 6-2-13

风险等级	接受准则	控制措施	分级控制措施			
等级Ⅰ（低风险）	可忽略	不需采取特别的风险防控措施	日常管理	—	—	—
等级Ⅱ（一般风险）	可接受	需采取风险防控措施,严格日常安全生产管理,加强现场巡视	日常管理	监控预警	专项整治	—
等级Ⅲ（较大风险）	不期望	应采取措施降低风险,将风险至少降低到可接受的程度	日常管理	监控预警	多方面专项整治	应急预案、应急准备
等级Ⅳ（重大风险）	不可接受	应暂停开工或施工;同时采取措施,综合考虑风险成本、工期及规避效果等,按照最优原则,将风险至少降低到可接受的程度,并加强监测和应急准备	日常管理	监控预警	暂停开工或施工、全面整治	应急预案、应急准备

2) 风险控制措施建议

（1）总体要求。风险控制措施应结合工程特点且有针对性,不能照抄照搬,放之四海而皆准。

①应按照每一个作业活动,根据评估结果有针对性地提出,特别是专项风险评估中风险等级为Ⅲ级(较大风险)及以上时,应分析找出导致较大或重大风险的关键指标,可在原施工组织设计或施工专项方案的基础上,补充评估小组认为应当增加的措施建议。

②开展施工安全风险评估,提出的对策措施及建议主要针对安全方面,不要把方方面面都搬进来等。

（2）本项目具体的措施建议(本解析省略)。

3 船闸工程

3.1 工程概况

3.1.1 建设规模

某船闸位于感潮河道，共建设两线Ⅲ级船闸，两线船闸中心线距离为55m，两线共用引航道。船闸主要水工建筑物为上、下闸首、闸室、上、下游引航道、引航道连接段、口门导堤等，船闸主体沿纵向长度为387.5m，通航1000吨级船舶，设计最大水头6.4m，船闸各建筑物等级：上闸首、闸室为2级，下闸首及下游引航道为1级，上游引航道、工作船泊位、口门导堤为3级，施工围堰等临时工程为4级。

3.1.2 结构设计概况

1）上下闸首

上、下闸首采用钢筋混凝土底板和箱形边墩构成的整体坞式结构，上、下闸首底板以下均设 $\phi 1000mm$ 钻孔灌注桩群基础。

2）闸室

闸室采用钢筋混凝土整体坞式结构，闸室内总宽23.2m，净宽23.0m，闸室总长310m。基础采用高压旋喷桩。

3）上游引航道

上游引航道长505.3m，底宽100m，东西两侧对称布置导航和靠船建筑物，其中导航调顺段长138m，靠船段长367.3m。靠近上闸首的导航段设置消力池和钢筋混凝土护坦。导航墙采用衡重式混凝土结构，基础采用 $\phi 800mm$ 高压旋喷桩和片石换填。靠船墙采用衡重式混凝土结构，基础采用片石换填。

4）下游引航道

下游引航道长438m，底宽110m，东西两侧对称布置导航和靠船建筑物，其中导航调顺段长138m，靠船段长300m，辅导航墙中间布置跨闸桥桥墩、防咸泵站管道及检修设施。导航墙采用衡重式混凝土结构和空箱重力式结构，均为钻孔灌注桩基础。靠船墙采用衡重式混凝土结构、钻孔灌注桩基础。

5）下游口门导堤

船闸下游引航道口门处共布置导堤2条，导堤端部采用直立式空箱重力墩结构，堤身为实体混合式结构，口门内侧为直立式，采用衡重式混凝土挡墙，口门外侧为斜坡式结构，采用钢筋混凝土面板防护，堤身采用开挖的粉砂土进行填筑，基础采用钻孔灌注桩。

6) 围堰工程

下游口门导堤及引航道的破堤施工需要修建围堰,口门围堰长约780m,采用吹泥管袋斜坡式结构围堰,堰顶高程约8.2m,堰高约7.7m,堰顶宽6m,堰体两侧采用充泥管袋,中间填充江砂,围堰防渗采用厚60cm的高喷防渗墙防渗,防渗墙高5.5m。

7) 金属结构及启闭装置

上闸首工作门为人字门,下闸首为人字门+挡潮平面门,单向水头设计,最大设计水头6.4m,人字门布置于上游(闸室侧),挡潮平板门槽布置于下游(钱塘江侧),每个单线船闸共布置4扇闸门,上、下首各2扇,左右对称布置,均采用横梁式钢质平板人字门,闸门采用液压直推式启闭机。

相关设计图(本解析省略)。

3.1.3 气象水文条件

1) 气象条件

工程处于东亚季风区,气候温和湿润,日光充足,雨量充沛,四季分明。6月中旬至7月上旬为"梅雨期",8月下旬至9月中旬是台风季节,此季多阵雨,偶有冰雹、龙卷风和伏旱。区域内年气温7月最高,1月最低,航道冬季不封冻,全年通航。多年平均气温16.2℃,多年平均降水量1380mm,多年平均雾日数37.1d,多年平均雷暴日40d,平均风速2.3m/s。

2) 水文条件

本船闸位于强潮河段,河口潮汐为非正规浅海半日潮,潮流为往复流,最大潮差4.28m,平均潮差0.69m。受上游电站控制,流年内分配不均匀,梅汛期径流大,受径流和潮流共同影响。

3.1.4 工程地质条件

1) 地形地貌

本工程位于冲海积平原区,地形平坦,地面高程在5.1m~6.8m之间,浅表层为冲海积粉土,场地内为绿化地、田地,部分为道路。

2) 不良地质及特殊性岩土

不良地质主要为饱和砂土、粉土地震液化、区域地面沉降,特殊性岩土主要为填土、软土。场区20m浅存冲海积饱和粉土、砂土层,主要为粉土、粉砂等,易产生震动液化现象,导致构筑物的变形破坏。场区软土主要为淤泥质粉质黏土,广泛分布,厚度为1.2m~9.1m,厚度变化较大,含水率高、强度低、压缩性高、流变性大、性质极差,易产生深层滑移、过量沉降及不均匀沉降。

3) 水文地质

与工程密切相关的地下水主要为第四系孔隙潜水,分布在浅部,主要含水介质为冲海积的黏性土、粉土层等,透水性总体较差,水位动态变化受季节、大气降水及河道水位控制。场区中下部含水岩组主要为冲海积粉细砂、冲积砾砂、圆砾,水位动态变化较小,富水性中等~丰富。粉土层呈中等透水(渗透系数:6.55×10^{-4}),粉砂层呈中等透水(渗透系数:7.23×10^{-4})。

各土层设计主要参数值图表(本解析省略)。

3.1.5 周边环境

项目北侧约1.4km为快速路跨河桥,北侧约600m为城市道路;项目南侧为正在改建的高架道路,其下为在建城市综合管廊;项目东侧为拟建的排涝河;项目西侧为城市道路和居民区。

周边环境布置图、现状描述、交叉影响等(本解析省略)。

3.1.6 施工组织

1) 土方工程

土方以机械开挖为主,水上土方采用挖掘机配合自卸汽车进行开挖,水下土方采用液压抓斗挖泥船配泥驳进行水下疏浚。基坑土方施工先开挖上闸首及闸室基坑,管涵工程施工完成后再进行下闸首和下游引航道基坑开挖,最后在跨闸桥施工完成后进行上游引航道基坑开挖。深基坑边坡表面采取喷射混凝土面层防护,基坑降排水采用管井法,辅以明沟排水,设置必要的排水沟及集水井等排水设施,保证构筑物底板干地施工。

2) 临时围堰

临时围堰采用吹泥管袋斜坡式结构,围堰施工工艺流程:插打定位钢管→管袋加工铺设→分层充砂泵充填管袋→分层闭气回填土方→堤顶填筑石渣。

3) 基础工程

主要采用高压旋喷桩和钻孔灌注桩基础。高压旋喷桩工艺流程:钻孔→试喷提升→制浆→喷射提升→回灌。钻孔灌注桩工艺流程:施工前准备→测量控制→钻机就位→泥浆制备→钻孔→钢筋笼安放→下放导管→混凝土封底→水下混凝土灌注→导管拆除。

4) 船闸主体施工

闸首边墩混凝土施工采用悬臂爬升模板,空箱采用组合定型钢模板。闸室墙混凝土采用移动式龙门模架施工方法,分两次浇筑混凝土到顶,混凝土浇筑采用履带吊或塔吊配合吊罐入仓工艺。

上、下闸首(闸室)主要工艺流程:基坑开挖→灌注桩(旋喷桩)施工→垫层及底板浇筑→边墩(闸墙)浇筑+墙后回填→底板宽缝浇筑→墙后回填→场地面层、道路→附属设施。

5) 上、下游引航道施工

上、下游引航道均采用常规的陆上施工方法,具体工艺施工方法参照闸首施工。

6) 口门导堤

口门导堤采用围堰内干地施工方法,其中扭王字块采用工厂预制现场安装方式。口门导堤工艺流程:围堰→排水→基槽开挖→地基处理→垂直防护钻孔灌注桩施工→浇筑混凝土底板、铺设石笼、抛填块石→浇筑混凝土墙体→回填土石料→浇筑混凝土护坡、护面→安装附属设施。

7) 金属结构及启闭装置

人字门安装吊装设备采用150t的汽车起重机,布置在上、下闸首闸室内,闸门吊装前翻身需用一台90t起重车配合。上、下闸首工作(检修)阀门单扇闸门重12.64t,用25t汽车起重在闸首侧面进行吊装。

人字门安装流程:场地布置→埋件样点设置→底枢、支枕垫埋件安装和二期混凝土回填→吊装加固底部第一节人字门→组装调整焊接其余人字门门叶→顶枢镗孔(启闭机安装)→顶枢拉架埋件安装和二期混凝土回填→A、B拉杆安装→顶枢连轴→背拉杆安装调整→支垫块吊装→拆除底部支承→检测、调整门叶旋转轴线→门体合龙后调整支枕垫间隙→支枕垫浇灌环氧砂浆→埋件安装和回填混凝土→人字门与液压启闭机连轴→安装其他附件及防腐→无水调试→有水调试→验收交接。

施工进度计划安排、总体施工顺序、主要机械设备、临建设施布置、施工平面布置图等(本解析省略)。

3.2 施工安全总体风险评估

3.2.1 建立评估指标体系

采用指标体系法对本工程开展总体风险评估时,结合船闸工程实际情况,参考JT/T 1375.7附录A船闸工程施工安全总体风险评估指标体系,从工程特点、地质条件、气象水文条件、施工环境、资料完整性五个项别中选取与本船闸工程安全风险关联度最高的评估指标(评估指标个数一般控制在13个以内),如表6-3-1所示。

3.2.2 确定权重系数

根据评估指标与事故发生可能性以及事故后果严重程度(优先考虑人员伤亡)的相关性,对各个评估指标进行综合评判,采用 JT/T 1375.7 推荐的重要性排序法,通过集体讨论等方式,将各评估指标按重要性从高到低依次进行排序,权重系数按 JT/T 1375.7 公式(2)计算,或通过查第一篇表 1-3-1 得到总体风险评估指标权重系数,如表 6-3-1 所示。

3.2.3 确定总体风险评估等级

施工安全总体风险评估分值按 JT/T 1375.7 公式(3)计算确定,计算得出总体风险评估分值,见表 6-3-1。

总体风险评估取值评分表　　　　　　　　　　　表 6-3-1

项别	评估指标	分　　级	基本分值 R_{ij}		重要性排序	权重系数 γ_{ij}	评估分值 X_{ij}	评估说明
			分值范围	取值				
工程特点	船闸级别 X_{11}	Ⅰ级、Ⅱ级	75~100	63	6	0.09	5.67	本工程为Ⅲ级船闸
		Ⅲ级、Ⅳ级	50~75					
		Ⅴ级	25~50					
		Ⅴ级以下及其他	0~25					
	船闸线数 X_{12}	三线及以上(分期建设)	80~100	40	4	0.12	4.8	本工程为双线船闸,且两线同时建设
		三线及以上(同时建设)	60~80					
		二线(分期建设)	40~60					
		二线(同期建设)	20~40					
		单线	0~20					
	船闸设计水头 X_{13}	>40m	75~100	27	10	0.03	0.81	船闸最大水头高度 6.4m
		20m~40m	50~75					
		5m~20m	25~50					
		<5m	0~25					

续上表

项别	评估指标	分级	基本分值 R_{ij}		重要性排序	权重系数 γ_{ij}	评估分值 X_{ij}	评估说明
			分值范围	取值				
地质条件	土体类型 X_{21}	一类土	75~100	70	1	0.17	11.9	施工区域内主要为粉土、粉砂和淤泥质粉质黏土
		二类土	50~75					
		三类土	25~50					
		四类土	0~25					
气象水文条件	降水 X_{31}	年平均降水日数多,施工地区过去5年内年平均降水量超过1500mm	75~100	69	8	0.11	4.14	多年平均降水量1380mm,历年最大降水量2356mm
		年平均降水日数较多,施工地区过去5年内年平均降水量1000mm~1500mm	50~75					
		年平均降水日数一般,施工地区过去5年内年平均降水量600mm~1000mm	25~50					
		年平均降水日数较少,施工地区过去5年内年平均降水量不超过600mm	0~25					
	台风或突风 X_{32}	>3次	75~100	50	5	0.07	5.5	每年受台风影响约1~2次
		2~3次	50~75					
		1~2次	25~50					
		<1次	0~25					

续上表

项别	评估指标	分级	基本分值 R_{ij} 分值范围	基本分值 R_{ij} 取值	重要性排序	权重系数 γ_{ij}	评估分值 X_{ij}	评估说明
施工环境	河道区域 X_{41}	山区河道	75~100	70	9	0.04	2.8	船闸出口位于感潮河段,以陆上开挖为主,下游引航道在围堰内施工
		感潮河道	25~75					
		平原区河道	0~25					
	临时围堰 X_{42}	采用过水围堰施工	75~100	50	7	0.06	3.5	下游口门导堤及引航道修筑围堰施工,设计标准20年一遇高潮位
		采用一般围堰施工	50~75					
		不采用围堰施工	0~50					
	基坑开挖深度 X_{43}	$H_土 \geq 15m, H_岩 \geq 30m$	75~100	72	3	0.14	8.54	基坑开挖深度9m~15.1m,闸室最大开挖深度为12.2m
		$10m \leq H_土 < 15m$,$15m \leq H_岩 < 30m$	50~75					
		$H_土 < 10m, H_岩 < 15m$	0~50					
	工程施工场地周边妨碍物 X_{44}	周边有易燃易爆、有毒有害管线、储罐、设施,有饮用水源、防洪设施,高铁和地下轨道交通等	75~100	75	2	0.16	12.0	与外部在建的桥梁、本工程跨闸桥梁、防洪大堤、综合管廊存在交叉
		周边有跨闸、跨航桥梁、高速公路、国省道沿线道路,其他轨道交通等	50~75					
		周边有生产性泊位、通航、离靠泊船舶	25~50					
		周边无影响施工安全的障碍物	0~25					
资料完整性	地质水文气象资料 X_{51}	地质、水文、气象资料不完整	75~100	5	11	0.01	0.05	工程地质、水文、气象资料完整
		地质、水文、气象资料基本完整	25~75					
		地质、水文、气象资料完整	0~25					
合计						1	59.71	

注:该表仅为示意,评估时应根据具体项目确定。

本船闸工程总体风险评估分值 $F_r = 59.71$，对照 JT/T 1375.7 表 4 指标体系法施工安全总体风险分级标准，在 $60 > F_r \geqslant 50$ 区间，其风险等级为Ⅲ级（较大风险）。

3.2.4 评估结论

(1)本船闸工程总体风险评估值为 59.71，其风险等级为Ⅲ级（较大风险）。

(2)重要性指标清单（采用指标体系法时应提出）。

从评估过程可知，影响本船闸工程总体风险大小的主要因素有土体类型、工程施工场地周边妨碍物、基坑开挖深度等，见表 6-3-2。

重要性指标清单 表 6-3-2

序号	重要性指标
1	土体类型 X_{21}
2	工程施工场地周边妨碍物 X_{44}
3	基坑开挖深度 X_{43}
……	……

注：该表仅为示意，评估时应根据具体项目确定。

(3)专项风险评估对象。

根据总体风险评估结果，建议本项目开展施工安全专项风险评估对象（重大作业活动），见表 6-3-3。

专项风险评估对象建议清单 表 6-3-3

序号	专项风险评估对象（重大作业活动）
1	临时围堰施工
2	基坑施工
3	船闸主体混凝土施工（闸首、闸室大体积混凝土施工）
4	闸阀门吊运及安装（闸门、阀门现场吊运及拼装）
……	……

注：该表仅为示意，评估时应根据具体项目确定。

3.2.5 风险控制措施建议

总体风险控制措施及建议应根据评估结果和项目实际情况针对建设单位提出具体化、针对性的风险控制方向与总体思路，如在安全管理投入（适度增加安全费用的提取比例）、资源配置（标准化建设、信息化提升、安全管理力量投入等）、施工单位选择(类似工程业绩、企业信誉、同类工程经验、船机设备配置、主要管理人员资格等)、工程保险投保等方面提供决策支持。

3.3 专项风险评估

3.3.1 风险辨识与风险分析

1)施工作业程序分解

评估小组参照 JT/T 1375.7 附录 B,结合《水运工程质量检验标准》(JTS 257—2008)和本工程施工组织设计文件所确定的施工工艺,将工程施工内容按照单位工程—分部工程—分项工程(作业环节)—施工工序的层次进行分解,从而将本项目施工过程划为不同的作业活动,并熟悉各作业活动的主要工序、施工方法、作业内容、机械设备和工程材料等特点。本项目施工作业活动分解表如表 6-3-4 所示。

施工作业活动分解表　　　　表 6-3-4

序号	单位工程	分部工程	作业活动
1	船闸主体工程	基坑	土方开挖
……			基坑支护
……		地基与基础	高压旋喷桩施工
……			钻孔灌注桩施工
……			……
……		闸首与闸室	底板施工
……			闸首施工
……			闸室墙施工
……			轨道梁施工
……			……
……		……	……
……	引航道工程	临时围堰	围堰填筑
……			……
……		导航建筑物与靠船建筑物	导航墙施工
……			靠船墩施工
……			……
……		……	……

续上表

序号	单位工程	分部工程	作业活动
……	闸阀门及启闭装置工程	闸门、阀门金属结构工程	人字门安装
……			挡潮门安装
……			……
……		启闭装置	液压式启闭机安装
……			台车启闭机安装
N			……

注:该表仅为示意,评估时应根据具体项目确定。

2) 风险事件类型辨识

在施工作业程序分解的基础上,通过现场勘察及现场调研,评估小组分析讨论及工程类比等方式,参照 JT/T 1375.7 附录 C 船闸工程施工的典型风险事件类型,辨识各作业活动主要工序存在的风险事件类型,并按各作业活动汇总形成风险事件辨识清单,见表6-3-5。

作业活动风险事件辨识清单 表6-3-5

序号	作业活动	风险事件类型
1	土方开挖	坍塌、机械伤害、车船伤害、滑坡、高处坠落、渗流、管涌等
2	钻孔灌注桩施工	起重伤害、车辆伤害、坍塌、触电、机械伤害、淹溺等
3	闸室墙施工	物体打击、触电、坍塌、机械伤害、起重伤害、高处坠落等
……	……	……

注:该表仅为示意,评估时应根据具体项目确定。

3) 致险因素及风险事件后果类型分析

评估小组结合风险辨识,通过讨论,从人的不安全行为和物的不安全状态按照的"人、机、料、法、环"等方面分析各作业活动主要工序存在的致险因素,从人员伤亡和直接经济损失等方面分析风险事件后果类型,按作业活动汇总形成风险辨识与风险分析表,如表6-3-6 所示。

风险辨识与风险分析表

表 6-3-6

作业活动	风险事件类型	致险因素		风险事件后果类型					
				受伤害人员类型		人员伤亡			直接经济损失
		物的不安全状态	人的不安全行为	作业人员	周边人员	轻伤	重伤	死亡	
作业活动1	……	……	……						……
土方开挖	坍塌	1.基坑边坡地质不稳定; 2.基坑边缘堆载过大; 3.基坑内未设置逃生坡道	1.在边坡不稳定区域活动; 2.偏移、沉降情况监测不到位; 3.重载车辆过于靠近基坑边缘	√	√		√	√	……
	机械伤害	1.设备有缺陷,安全装置失效; 2.个人防护用品用具缺少或有缺陷; 3.施工场地环境不良	1.违章操作或操作失误; 2.设备维护不及时; 3.无人指挥或指挥不当	√		√	√		……
	车船伤害	1.土方运输车辆故障; 2.施工场地环境不良; 3.天气情况不良,能见度差	1.人员冒险进入危险场所; 2.车辆超载运输; 3.车辆冒险进入边坡临边位置	√	√	√	√	√	……
	……	……	……						……
作业活动N	……	……	……						……

注：该表仅为示意，评估时应根据具体项目确定。

3.3.2 风险估测

1)作业活动划分

评估小组对照 JT/T 1375.7 附录 D 船闸工程常见重大作业活动清单,结合风险辨识与风险分析结果,经讨论形成一般作业活动和重大作业活动清单,如表 6-3-7 和表 6-3-8 所示。

一般作业活动清单　　　　　　　　　　　　　　　　表 6-3-7

序号	单 位 工 程	一般作业活动
1	船闸主体工程	高压旋喷桩施工
2		钻孔灌注桩施工
……		……
……	引航道工程	……
N	闸阀门及启闭装置工程	……

重大作业活动清单　　　　　　　　　　　　　　　　表 6-3-8

序号	单 位 工 程	重大作业活动
1	船闸主体工程	基坑施工
……		闸首边墩施工(考虑模板类型不同,相同工艺可合并评估)
……		闸室墙施工(考虑模板类型不同,相同工艺可合并评估)
……		……
……	引航道工程	临时围堰施工
……		……
……	闸阀门及启闭装置工程	闸门吊运及安装
N		……

注:该表仅为示意,评估时应根据具体项目确定。

2)一般作业活动风险估测

在风险辨识与风险分析的基础上,采用 JT/T 1375.1 推荐的半定量方法 LEC 法估测各项一般作业活动的各个风险事件。LEC 评价法的评价步骤参照第一篇 2.5 节执行。经过评估小组讨论,一般作业活动的风险估测情况汇总如表 6-3-9 所示。

一般作业活动 LEC 法风险估测表　　　　表 6-3-9

一般作业活动	主要工序	风险事件	发生事故可能性大小	L值	暴露在危险环境的频繁程度	E值	发生事故造成的损失后果	C值	D值
作业活动 1	……	……	……	……	……	……	……	……	……
钻孔灌注桩施工	钻孔施工	坍塌	可以设想，不太可能	0.5	每天工作时间暴露	6	1~2人死亡	15	45
		机械伤害	可以设想，不太可能	0.5	每天工作时间暴露	6	严重伤残	7	21
		淹溺	极不可能	0.2	每天工作时间暴露	6	1~2人死亡	15	18
	钢筋笼制作安装	起重伤害	完全意外，可能小	1	每天工作时间暴露	6	1~2人死亡	15	90
		机械伤害	可以设想，不太可能	0.5	每天工作时间暴露	6	严重伤残	7	21
		坍塌	极不可能	0.2	每天工作时间暴露	6	1~2人死亡	15	18
		触电	可以设想，不太可能	0.5	每天工作时间暴露	6	1~2人死亡	15	45
	……	……	……	……	……	……	……	C值	D值
……									
作业活动 N	……	……	……	……	……	……	……		

注：该表仅为示意，评估时应根据具体项目确定。

以风险描述方式将各一般作业活动的风险估测情况汇总如表 6-3-10 所示。

一般作业活动风险估测汇总表　　　　表 6-3-10

一般作业活动	风险描述	理　　由
作业活动 1	……	……
钻孔灌注桩施工	存在以下风险事件，按大小顺序排列为：起重伤害、车辆伤害、坍塌、触电、机械伤害、淹溺等	钻机安拆存在坍塌、机械伤害、起重伤害、触电的风险；钻孔施工存在塌孔、机械伤害、淹溺的风险；钢筋笼制作与安装存在机械伤害、触电、起重伤害、坍塌的风险；混凝土浇筑存在机械伤害、触电、车辆伤害的风险
……	……	……
作业活动 N	……	……

注：该表仅为示意，评估时应根据具体项目确定。

3) 重大作业活动风险估测

(1) 确定安全管理调整系数。

根据 JT/T 1375.7 附录 F 安全管理评估指标体系,对项目安全管理评估指标体系进行评估,项目安全管理评估表如表 6-3-11 所示。

安全管理评估表　　　　　　　　　　表 6-3-11

评估指标	分级	分值	取值	说明
总包企业资质（A）	二级以下	2		施工企业资质级别为特级
	一级	1		
	特级	0	0	
专业分包（B）	有分包	1	1	该项目存在专业分包
	无分包	0		
劳务分包（C）	有分包	1	1	该项目存在劳务分包
	无分包	0		
作业班组经验（D）	无经验	2		该项目特种作业人员、一线施工人员有 3 个及以上项目的作业经验
	有一定经验	1		
	经验丰富	0	0	
项目技术管理人员经验（E）	无经验	2		该项目管理人员和专业技术人员具有 3 次及以上的船闸工程建设经验,人员无变更
	有一定经验	1		
	经验丰富	0	0	
项目安全管理人员配备（F）	不满足要求	2		"企业负责人（A 类）、项目负责人（B 类）、专职安全员（C 类）"三类人的持证人员数量、在岗情况均合格
	满足要求	0	0	
安全生产费用（G）	不符合规定	2		安全生产费用投入符合规定
	基本符合规定	1		
	符合规定	0	0	
船机设备配置及管理（H）	船机设备配置不满足合同要求	2		按合同要求配置船机设备,建立完善的船机管理体系、制度,管理及维护工作得到有效落实
	船机设备配置满足合同要求,但无建档台账或缺日常管理维护	1		
	船机设备配置满足合同要求,台账建档完备,管理、维护到位	0	0	

续上表

评估指标	分 级	分值	取值	说 明
施工组织设计或专项施工方案 (I)	未履行审批程序或针对性、可操作性较差	2		危险性较大分部分项工程的专项施工方案和施工临时用电专项方案等专项施工方案针对性、可操作性强
	针对性、可操作性一般	1		
	针对性、可操作性强	0	0	
企业工程业绩 (J)	无	2		施工企业有3个及以上类似工程的施工经验,且企业3年内无较大以上责任事故发生
	同类工程1~2次	1		
	同类工程3次及以上	0	0	
企业信用评价等级 (K)	B级及以下	2		上一年度施工项目所在地省级企业信用评价等级为AA
	A	1		
	AA	0	0	

注:该表仅为示意,评估时应根据具体项目确定。

根据施工企业信息调查,施工企业在该项目安全管理评估指标分值为 $M = A + B + C + D + E + F + G + H + I + J + K = 2$,根据JT/T 1375.7 安全管理评估指标分值与安全管理调整系数对照表,安全管理调整系数 $\lambda = 0.9$。

(2)确定施工风险事件可能性大小。

以基坑施工重大作业活动为例,参考JT/T 1375.7 附录E推荐的基坑施工风险事件可能性评估指标体系,结合项目实际情况选取9个评估指标建立评估指标体系,并经小组讨论确定指标重要性排序,计算权重系数和风险事件可能性评估分值,确定基坑施工风险事件可能性等级,见表6-3-12。

基坑施工风险事件可能性等级评估　　　　表6-3-12

项别	评估指标	分 级	基本分值 R_{ij} 分值范围	取值	权重系数 γ_{ij}	评估分值 X_{ij}	说 明
基坑因素	基坑开挖深度 X_{11}	$H_土 \geq 15m, H_岩 \geq 30m$	75~100	75	0.19	14.25	基坑开挖深度为9m~15.1m,下闸首最大开挖深度为15.1m
		$10m \leq H_土 < 15m$, $15m \leq H_岩 < 30m$	50~75				
		$H_土 < 10m, H_岩 < 15m$	0~50				
	无支护基坑放坡坡度 X_{12}	$\alpha_0 < \alpha < 90°$,且 $\Delta\alpha \geq 10°$	75~100	17	0.06	1.02	本工程基坑采用二级放坡开挖的方式,放坡坡度1:1.75,小于稳定坡脚
		$\alpha_0 < \alpha < 90°$,且 $\Delta\alpha < 10°$	25~75				
		$\alpha \leq \alpha_0$	0~25				

续上表

项别	评估指标	分级	基本分值 R_{ij}		权重系数 γ_{ij}	评估分值 X_{ij}	说明
			分值范围	取值			
地质条件	土质情况 X_{21}	开挖揭露坡体中有易滑、易液化或软弱地层	75~100	75	0.21	15.75	施工区域内淤泥质粉质黏土广泛分布，厚度变化较大，流变性大，易产生深层滑移
		土质类别差2级及以上	50~75				
		土质类别差1级	25~50				
		土质差别不大	0~25				
气象条件	降水 X_{31}	年平均降水日数多，施工地区过去5年内年平均降水量超过1500mm	75~100	69	0.01	0.69	多年平均降水量1380mm，历年最大降水量2356mm
		年平均降水日数较多，施工地区过去5年内年平均降水量1000mm~1500mm	50~75				
		年平均降水日数一般，施工地区过去5年内年平均降水量600mm~1000mm	25~50				
		年平均降水日数较少，施工地区过去5年内年平均降水量不超过600mm	0~25				
施工方案	开挖工艺 X_{41}	石方爆破开挖	75~100	65	0.11	7.15	本工程土方以机械开挖为主，辅以人工挖除保护层土
		土方机械开挖	50~75				
		土方人工开挖	25~50				
		石方机械开挖	0~25				
	降水或截排水措施 X_{42}	仅采用止水帷幕(旋喷桩、搅拌桩类)措施	75~100	35	0.14	4.9	采用管井法降水，辅以明沟排水
		采用止水帷幕和坑底排水(明沟排水、排水孔、集水井)措施	50~75				
		采用止水帷幕、坑底排水、降水(轻型井点降水、深井降水)措施	25~50				
		采用止水帷幕、坑底排水降水、坑顶截水(截水沟)等措施	0~25				
	监测 X_{43}	只观察无监测	75~100	10	0.09	0.9	按照土质基坑一级安全等级监测，包括但不限于水平位移、竖向位移、倾斜、裂缝、地下水位、坑底隆起等
		降级监测，监测指标少	25~75				
		按等级系统监测	0~25				

续上表

项别	评估指标	分级	基本分值 R_{ij}		权重系数 γ_{ij}	评估分值 X_{ij}	说明
			分值范围	取值			
施工环境	施工周边环境 X_{51}	在基坑周边4H范围内有洪水位高于基坑底的水库、河流等稳定或动态水体、湿地,坡后有保护对象	75~100	75	0.16	12	基坑下部建设城市综合管廊,与外部在建的桥梁、本工程跨闸桥梁、防洪大堤施工存在交叉
		在基坑周边3H范围内有建筑物、管道、线缆等设施	50~75				
		基坑周边有临时道路,其他工序交叉施工	25~50				
		无水体、无建筑物、基坑单独施工	0~25				
	地下水变化 X_{52}	地下水位高于基坑底面且水量充沛	75~100	65	0.03	1.95	实测地下水位埋深1.4~3.5m,年变化幅度在0.50~1.5m之间,受季节、降水及河道水位影响
		地下水位高于基坑底面且水量较少	50~75				
		地下水位低于基坑底面且水量充沛	25~50				
		地下水位低于基坑底面且水量较少	0~25				

注:该表仅为示意,评估时应根据具体项目确定。

基坑施工风险事件可能性评估分值 $P = 58.61 \times 0.9 = 52.749$,参照 JT/T 1375.7 施工安全专项风险评估风险事件可能性等级标准,基坑施工作业可能性等级为4级(可能)。

(3)确定风险事件后果严重程度。

深基坑开挖施工如果发生潜在风险事件,有可能造成暴露在施工作业环境中的3~10名作业人员死亡或10人以上重伤,对照JT/T 1375.1 表4 人员伤亡程度等级标准,其严重程度属于3级(较大);可能导致基坑坍塌、机械车辆坠毁等损失,其经济损失一般在"100~1000万元"范围,对照JT/T 1375.1 表5 直接经济损失程度等级标准,其严重等级属于2级(一般);按照就高原则,基坑施工作业过程中发生事故造成的严重程度等级为3级(较大)。

(4)确定风险等级。

根据估测,基坑施工作业发生施工事故的可能性为4级(可能),事故严重程度等级为3级(较大)。参照JT/T 1375.7专项风险评估等级标准,基坑施工作业活动的风险等级为Ⅲ级(较大风险)。

分别对各个重大作业活动进行风险估测(本解析略),本项目重大作业活动风险等级汇总如表6-3-13所示。

重大作业活动风险等级汇总表　　　　表6-3-13

序号	重大作业活动	风险事件可能性等级	风险事件后果严重程度			风险等级	评估理由
			人员伤亡(人)	直接经济损失(万元)	风险事件后果严重程度等级		
1	重大作业活动1	……	……	……	……	……	……
2	基坑施工	4级(可能)	3级(较大)	2级(一般)	3级(较大)	Ⅲ级(较大风险)	风险矩阵法
3	临时围堰施工						
4	船闸主体混凝土施工						
5	闸阀门吊运及安装						
……	……	……	……	……	……	……	……
N	重大作业活动N						

注:该表仅为示意,评估时应根据具体项目确定。

3.3.3　风险控制措施建议

应结合工程特点针对作业活动提出安全方面的风险控制措施,为安全管理、专项施工方案编制、安全技术交底、应急处置提供依据。特别是重大作业活动为Ⅲ级(较大风险)及以上风险时,应分析找出导致较大或重大风险的关键指标,可在原施工组织设计基础上,补充评估小组认为应当增加的安全措施建议,如调整施工方案(合理调整施工顺序、改进施工工艺)、加强安全措施(加强监测预警、机器或其他方式代替人工操作)、提高管理水平(强化安全管理人员落实、安全资金投入落实、现场安全防护措施)和人员素质(加强安全教育和培训、强化安全意识和观念)。

4　案例说明

上述港口、航道、船闸的三个案例均为某工程项目的重点节选,非完整案例,仅供参考,在对项目风险评估时应根据项目具体情况开展评估工作,不可照搬照抄。

参 考 文 献

[1] 交通运输部工程质量监督局.公路桥梁和隧道工程施工安全风险评估制度及指南解析[M].北京:人民交通出版社,2011.

[2] 隋鹏程,陈宝智,等.安全原理[M].北京:化学工业出版社,2005.

[3] 周世宁,林柏泉,等.安全科学与工程导论[M].北京:中国矿业大学出版社,2005.

[4] 孙华山.安全生产风险管理[M].北京:化学工业出版社,2009.

[5] 周福田,张贤明.水运工程施工[M].北京:人民交通出版社,2004.

[6] 交通运输部水运司.水运工程施工监理手册[M].北京:人民交通出版社,2008.

[7] 中华人民共和国行业标准.海港总体设计规范:JJTS 165—2013[S].北京:人民交通出版社股份有限公司,2014.

[8] 中华人民共和国行业标准.码头结构施工规范:JTS 215—2018[S].北京:人民交通出版社股份有限公司,2018.

[9] 中华人民共和国行业标准.码头结构设计规范:JTS 167—2018[S].北京:人民交通出版社股份有限公司,2018.

[10] 中华人民共和国行业标准.河港工程总体设计规范:JTS 166—2020[S].北京:人民交通出版社股份有限公司,2020.

[11] 中华人民共和国行业标准.水利水电工程围堰设计规范:SL 645—2013[S].北京:中国水利水电出版社,2013.

[12] 中华人民共和国行业标准.水运工程施工安全防护技术规范:JTS 205-1—2008[S].北京:人民交通出版社股份有限公司,2008.

[13] 中华人民共和国行业标准.防波堤与护岸设施工规范:JTS 208—2020[S].北京:人民交通出版社股份有限公司,2020.

[14] 中华人民共和国国家标准.爆破安全规程:GB 6722—2014[S].北京:中国标准出版社,2015.

[15] 中华人民共和国国家标准.空气潜水安全要求:GB 26123—2010[S].北京:中国标准质检出版社,2011.

[16] 中华人民共和国行业标准.建筑基坑支护技术规程:JGJ 120—2012[S].北

京:中国建筑工业出版社,2012.

[17] 中华人民共和国行业标准.建筑深基坑工程施工安全技术规范:JGJ 311—2013[S].北京:中国建筑工业出版社,2014.

[18] 中华人民共和国国家标准.建筑基坑工程监测技术规范:GB 50497—2019[S].北京:中国计划出版社,2020.

[19] 中华人民共和国行业标准.水运工程爆破技术规范:JTS 204—2008[S].北京:人民交通出版社股份有限公司,2008.

[20] 中华人民共和国行业标准.疏浚与吹填工程施工规范:JTS 207—2012[S].北京:人民交通出版社股份有限公司,2012.

[21] 中华人民共和国行业标准.航道整治工程施工规范:JTS 224—2016[S].北京:人民交通出版社股份有限公司,2016.

[22] 中华人民共和国行业标准.水运工程质量检验标准:JTS 257—2008[S].北京:人民交通出版社股份有限公司,2008.

[23] 中华人民共和国行业标准.航道工程基本术语标准:JTS/T 103-2—2021[S].北京:人民交通出版社股份有限公司,2021.

[24] 交通运输部工程质量监督局.《公路水运工程施工安全标准化指南》[M].北京:人民交通出版社股份有限公司,2013.

[25] 中华人民共和国国家标准.沉井与气压沉箱施工规范:GB/T 51130—2016[S].北京:中国计划出版社,2016.

[26] 中华人民共和国行业标准.公路桥涵施工技术规范:JTG/T 3650—2020[S].北京:人民交通出版社股份有限公司,2020.

[27] 中华人民共和国行业标准.船闸总体设计规范:JTJ 305—2001[S].北京:人民交通出版社股份有限公司,2015.

[28] 中华人民共和国行业标准.船闸水工建筑物设计规范:JTJ 307—2001[S].北京:人民交通出版社股份有限公司,2001.

[29] 中华人民共和国行业标准.船闸闸阀门设计规范:JTJ 308—2003[S].北京:人民交通出版社股份有限公司,2003.

[30] 中华人民共和国行业标准.水运工程岩土勘察规范:JTS 133—2013[S].北京:人民交通出版社股份有限公司,2013.

[31] 中华人民共和国行业标准.船闸工程施工规范:JTS 218—2014[S].北京:人民交通出版社股份有限公司,2014.

[32] 中华人民共和国行业标准.水运工程施工监控技术规程:JTS/T 234—2020

[S].北京:人民交通出版社股份有限公司,2020.

[33] 中华人民共和国行业标准.水利水电工程等级划分及洪水标准:SL 252—2017[S].北京:中国水利水电出版社,2017.

[34] 中华人民共和国行业标准.水利水电工程施工导流设计规范:SL 623—2013[S].北京:中国水利水电出版社,2013.